Ahmed Ginaidi

# JESUS CHRISTUS UND MARIA AUS KORANISCH-ISLAMISCHER PERSPEKTIVE

*Grundlagen eines interreligiösen Dialogs*

Ahmed Ginaidi

# JESUS CHRISTUS UND MARIA AUS KORANISCH-ISLAMISCHER PERSPEKTIVE

***Grundlagen eines interreligiösen Dialogs***

**Edition Noëma**

Bibliografische Information Der Deutschen Bibliothek

Die Deutsche Bibliothek verzeichnet diese Publikation in der Deutschen Nationalbibliografie; detaillierte bibliografische Daten sind im Internet über <http://dnb.ddb.de> abrufbar.

∞

Gedruckt auf alterungsbeständigem, säurefreien Papier
Printed on acid-free paper

ISBN: 3-89821-237-8



Printed in Germany

Meiner Frau Christa

# *VORWORT*

Der Anlaß für dieses Buch ist eine religiöse Erfahrung, die ich in der Diasporasituation gemacht habe. In der Zeit, in der ich Anfang der 60er Jahre in Deutschland mein Maschinenbaupraktikum machte, habe ich während der islamischen Fastenzeit auf die Milch verzichten müssen, die die Firma an ihre Mitarbeiter aus medizinischen Gründen kostenlos verteilt hat, weil wir mit Schweißarbeiten beschäftigt waren. Meine Religiosität führte zu Reaktionen der Kollegen, die vom Schimpfen über mittelalterliche Verhaltensweisen (Fasten), über Gespräche über Sinn und Inhalt dessen bis hin zur Bewunderung meiner Kraft, hart zu arbeiten bei gleichzeitigem Fasten gereicht haben. Dieses islamische Fasten hat mich stark gemacht, den berühmten „inneren Schweinehund“ zu besiegen. Dank dieses Tatbestandes habe ich bis heute keine Sucht und konnte meinen Lebensweg ohne jegliche materielle Unterstützung realisieren.

Eine weitere Erfahrung, die mich zum Schreiben dieses Buches veranlasst hat, ist die Grundhaltung der Muslime in der Diasporasituation und vor allem die Bedeutung von Jesus und seiner Mutter Maria innerhalb der islamischen Glaubenslehre, die vielen von ihnen nicht bewusst ist. Am Anfang meines Werdeganges hatte ich folgende Erfahrung gemacht: Der Anstoß zu meinem theologischen Interesse war eine Begebenheit, die sich in der Form abspielte, dass ich einen türkischen Schüler außerhalb des Unterrichtes antraf, was für mich zu diesem Zeitpunkt unverständlich war. Auf meine diesbezügliche Frage erklärte mir der angesprochene Junge, dass er eine Freistunde habe, da seine Klassenkameraden im Religionsunterricht seien. Diese seien nämlich Christen, während er ja schließlich Muslim sei.

Diese Darstellung stimmte mich nachdenklich, zumal ich an seiner Stelle in der gleichen Situation ebenso gehandelt hätte. So wurde mir klar, dass hier ein Ausschließungsprozeß stattfand, der zwangsläufig zu einer Entfremdung der muslimischen Schüler sowohl innerhalb des Klassenverbandes und damit innerhalb der Schule als auch innerhalb einer christlichen Gesellschaft, in der diese zu leben haben, führt. Diese oben erwähnten Erfahrungen, gepaart mit meinen über 30jährigen Erkenntnissen auf dem Gebiet des christlich-islamischen Dialogs, und das Leben in Deutschland sowie die zivilisatorischen Probleme innerhalb einer modernen Gesellschaft wiesen mir auf und bewiesen, dass der sogenannte moderne Mensch zwar mehr hat als das, was er wirklich an materiellen Gütern benötigt, aber das natürliche Bedürfnis zu glauben wird bei der überwiegenden Mehrheit der Bevölkerung im Keim abgetötet. Die Folgen dessen sind nicht zu übersehen.

Die Möglichkeit eines Verschmelzens des Individuums mit der Schöpfung Gottes und das Gefühl des Damit-Einswerdens wird wegen mangelnder Religiosität nicht erreicht. Die Folge ist eine Unzufriedenheit des Individuums mit sich selbst, die sich auf die Interaktion mit den Mitmenschen projiziert bis hin zu Alkoholismus, Drogenabhängigkeit, Depressivität, hohen Scheidungsraten, Selbstmordgefahr usw.

Die Intention dieses Buches ist es, dem christlichen Leser einen neuen Sehwinkel vom Kern des eigenen Glaubens aufzuzeigen mit der Hoffnung, diesen zu befestigen. Es gibt zwar andere Bücher, die von der Thematik her fast deckungsgleich mit diesem Werk sind, aber man hat bei diesen die Unterschiede in den Aussagen über Jesus aus islamischer und christlicher Sicht unter den berühmten Teppich gekehrt. Eine solche Vorgehensweise ist den beiden Botschaften Gottes einfach unwürdig, denn diese Differenzen bilden gerade den Reichtum im Angebot Gottes an die Menschheit.

Der Islam ist die einzige nachchristliche abrahamische Religion, die Jesus als einen besonderen Gesandten Gottes bestätigt. Dass wir es hier nicht mit einer absoluten Deckungsgleichheit zu tun haben, macht den Dialog umso lebendiger. Die Ehrlichkeit in der Darstellung Christi aus islamischer Sicht und gerade in den Punkten, in denen es keine absolute Gleichheit gibt, lagen mir am Herzen in der Annahme, dass wir mit Gottes Hilfe trotzdem im Guten miteinander kommunizieren können.

Ich fühle mich diesem Land verpflichtet, da dessen Volk meine geistigen Leistungen anerkannt hat und möchte hiermit meinen persönlichen Beitrag zum Frieden innerhalb dieser Nation leisten, denn in der Vielfalt liegt der Reichtum.

An dieser Stelle darf ich meine deutsche, ehemals katholische Frau, die gegen meinen Willen zum Islam konvertierte, nicht vergessen. Ohne sie und ihre Unterstützung in jeder Hinsicht sowie ihre Fähigkeit, mit 10 Fingern zu schreiben, wäre dieses Buch nicht machbar gewesen. Vor allem die theologische Erkenntnis, dass die eigene Religion erst im Kontrast zum Christentum mir richtig bewusst geworden ist, ließ mich auch die Weisheit Gottes erkennen, sich über das Judentum, das Christentum und den Islam zu offenbaren. Diese Erfahrung würde ich gern dem christlichen Leser dieses Buches mit auf den Lebensweg geben.

Der Inhalt dieses Buches wurde nach bestem Wissen und Gewissen im Bewußtsein der vollen Verantwortung Gott gegenüber geschrieben.

Deshalb war ich bemüht, die Kommentierung des Korans nach der offiziellen Meinung der Muslime und deren höchsten Autorität der Al-Azhar-Universität in Kairo wiederzugeben. Zitate aus dieser Kommentierung sind entsprechend gekennzeichnet. Diese Ausgabe ist bestätigt worden durch die Unterschrift des Dekans der Fakultät für Grundlagen des Islams, Prof. Dr. Mahmoud Hamdi Zakzuk am 10.10.1995.

## *1. Das Fundament der Beziehung Gott – Mensch innerhalb der islamischen Glaubenslehre*

Bevor in diesem Kapitel auf das eigentliche Thema eingegangen wird, sollen zunächst die allgemeinen Grundsätze der Interaktion des Menschen zu Gott hin, die islamisch fundiert sind, erörtert werden. Als erstes muß auf die arabische Bezeichnung „Allah“ für Gott eingegangen werden. In Anbetracht der Tatsache, daß bis heute Juden und Christen, die in islamischen Ländern leben, ebenfalls den gleichen arabischen Begriff für Gott anwenden, ist es wichtig, die Entstehung dieses Begriffes „Allah“ zu erwähnen.

Der Begriff „ilah“ war in der vorislamischen Zeit die allgemeine Bezeichnung für einen einzelnen Gott. Dass man hier die phonetische Ähnlichkeit mit der hebräischen Bezeichnung „eloah“ vorfindet, weist auf eine gemeinsame semitische Wurzel hin. Verbindet man den Begriff „ilah“ mit dem arabischen Artikel „al“, d.h. „der“, so entsteht die artikulierte Bezeichnung al-ilah, „der Gott“ (vgl. Schwarzenau 1977, 102). „Mit anderen Worten, es war gang und gäbe, von ‚Gott‘ überhaupt zu sprechen, anstatt etwa von Hubal oder irgendeinem anderen mehr oder weniger begrenzten Einzelgott. Damit ist allerdings noch nicht gesagt, daß schon im vorislamischen Arabien die vielen Einzelgötter in den einen und alleinigen Gott aufgegangen wären. Der Monotheismus hatte sich noch keineswegs durchgesetzt“ (ebd. 102).

Die Entwicklung dieses Begriffes „allah“ hatte bis dahin mit der eigentlichen monotheistischen Idee nichts zu tun. Erst nach und nach kam es durch koranische Offenbarungen zur Abgrenzung zwischen Allah, den der

Prophet meint, und allah, den die Araber bis dahin verstanden. In Sure 39, 36 ist eine solche Stelle zu finden. „Genügt nicht Gott seinem Diener (als Helfer), wenn (w. während) sie (d.h. die Ungläubigen) dir mit denjenigen (Göttern) Angst machen, die es (angeblich) außer ihm gibt? Wen aber Gott irreführt, für den gibt es keinen, der ihn rechtleiten könnte".

Hier sieht man klar den Unterschied zwischen den vielen Göttern, die ebenfalls die Bezeichnung „allah" trugen und Allah, den der Prophet als ein Novum einführt. Der Unterschied zwischen Allah des Propheten und dem anderen allah wird in Sure 29, 61 angeführt: „Und wenn du sie (d.h. die Ungläubigen) fragst, wer Himmel und Erde geschaffen und Sonne und Mond in den Dienst (der Menschen) gestellt hat, sagen sie: ‚Gott'. Wie können sie nur so verschroben sein (daß sie nicht an ihn glauben)!"

Durch ähnliche Verse, die es im Koran in Hülle und Fülle gibt, wandelt sich der Inhalt des arabischen Artikels „al", der so viel bedeutet wie „der, die, das", in „einzig und allein" und genau in dieser Bedeutungsumwandlung liegt die Geburt der monotheistischen Idee (vgl. Ginaidi 2002, 204).

## *1.1 Wer ist dieser Allah für die Muslime?*

Gott bildet im Islam das Zentrum des Glaubens. Wer ist denn dieser Gott (Allah)? Um auf die Eigenschaften Gottes einzugehen, kommt man nicht an der ersten Sure des Heiligen Korans vorbei, „Die Eröffnende". „1 Im Namen des barmherzigen und gnädigen Gottes. 2 Lob sei Gott, dem Herrn der Menschen in aller Welt, 3 dem Barmherzigen und Gnädigen, 4 der am Tag des Gerichts regiert! 5 Dir dienen wir, und dich bitten wir um Hilfe. 6 Führe uns den geraden Weg, 7 den Weg derer, denen du Gnade erwiesen hast, nicht (den Weg) derer, die d(ein)em Zorn verfallen sind und irregehen!“ Hier spricht der Prophet „Im Namen des barmherzigen und gnädigen Gottes“, womit fast jedes Kapitel im Koran beginnt. Für die Menschheit ist Gott ein barmherziger und gnädiger Gott. Diese für das Menschengeschlecht sehr wichtige Eigenschaft kommt der menschlichen Unzulänglichkeit sehr entgegen und gibt jedem „Sünder“ die Gelegenheit, sich zu bessern. Hierin erkennt der vernünftige Mensch, dass Allah über die Eigenschaften der von ihm geschaffenen Kreatur namens Mensch sehr gut Bescheid weiß. Es ist für jedes menschliche Geschöpf beruhigend zu wissen, dass dieser barmherzige Gott am Tage des Gerichts regiert, mit anderen Worten, jeder darf mit Gottes Gnade rechnen. Die Verse 6 und 7 dieser Sure beinhalten eine menschliche Petition an ihn und jeder darf darauf hoffen, von Gott rechtgeleitet zu werden.

Wie darf ich mir als Mensch Gott vorstellen? Die 112. Sure gibt konkrete Hinweise auf ihn. „Im Namen des barmherzigen und gnädigen Gottes. 1Sag: Er ist Gott, ein Einziger, 2 Gott, durch und durch (er selbst)(?) (w. der Kompakte) (oder: der Nothelfer(?), w. der, an den man sich (mit seinen Nöten und Sorgen) wendet, genauer: den man angeht?). 3 Er hat weder gezeugt, noch ist er gezeugt worden. 4 Und keiner ist ihm ebenbürtig“. „Der Kompakte“ ist keine gute Übersetzung für den arabischen Begriff „as-samad“. Dieses Wort beinhaltet in der Tat die Eigenschaft des Kompakten, aber es ist viel mehr die Ewigkeit, die dieses Kompakte beinhaltet, gemeint. Kompakt ist in dem Sinne zu verstehen, dass der Zahn der Zeit diesem Kompakten nichts anhaben kann.

Der gesamte Koran beinhaltet einen Teil der göttlichen Eigenschaften. Sein Wesen ist für uns als menschliche Kreaturen unerfassbar. „Allah ist die höchste kosmische Größe, aber auch ein Ideal, das von keinerlei philosophischer Spekulation erfaßt werden kann. Einmalig in seinem Wesen, bestimmt G. den Lauf der Dinge in der Welt. In seiner Allmacht sind Leben und Kraft vereinigt. Seine Weisheit bedeutet die Kenntnis des Kommenden. Hier liegt der Ursprung der islamischen Lehre von der Vorherbestimmung“ (Khoury 1987, 426). Der Teil dieses Zitates „bestimmt Gott den Lauf der Dinge in der Welt“ beinhaltet die Vorherbestimmung Gottes und genau das bildet für viele Muslime die Grundlage für eine fatalistische Haltung. Auf diese besondere Problematik wird später eingegangen. Zu diesem Punkt erwähnt Abu Zahra (gest. 1974), daß Gott zwar dem Geschöpf die Kraft zum Handeln gibt, aber mit dem, was es schafft, kommt es her von Gottes Erlaubnis und unterliegt Gottes Herrschaft (vgl. ebd. 426).

Zu den Eigenschaften Gottes gehört, dass er der erhabene Schöpfer ist, der souveräne Herr und Richter über seine Geschöpfe (vgl. Kreiser 1974 Bd. 1, 36) . Der Thronvers aus der 2. Sure, Nr. 255, konkretisiert weitere Eigenschaften Gottes. Er ist vor allem nur Einer und es gibt sonst keine andere Gottheit außer ihm. Er ist lebendig und beständig. Er kann kein Mensch sein, da die menschlichen Eigenschaften wie Ermüdung und Schlaf ihn nicht überkommen. Mit dem Wissen über das, was vor ihnen und hinter ihnen liegt, ist die Kenntnis Gottes über die Vergangenheit „er weiß, was hinter ihnen liegt“ bzw. die Zukunft „er weiß, was vor ihnen liegt“ gemeint. „255 Gott (ist einer allein). Es gibt keinen Gott außer ihm. (Er ist) der Lebendige und Beständige. Ihn überkommt weder Ermüdung noch Schlaf. Ihm gehört (alles), was im Himmel und auf der Erde ist. Wer (von den himmlischen Wesen) könnte - außer mit seiner Erlaubnis - (am jüngsten Tag) bei ihm Fürsprache einlegen? Er weiß, was vor und was hinter ihnen liegt. Sie aber wissen nichts davon - außer was er will. Sein Thron reicht weit über Himmel und Erde. Und es fällt ihm nicht schwer, sie (vor Schaden) zu bewahren. Er ist der Erhabene und Gewaltige“.

Die Macht Gottes ist im oben genannten Vers sehr klar und eindeutig dargestellt Dass dieser Gott mit seiner geballten Macht dem Menschen näher ist als die eigene Halsschlagader zeigt Vers 16 in der 50. Sure: „Wir haben doch (seinerzeit) den Menschen
geschaffen. Und wir wissen, was er sich selber (an bösen Gedanken) einflüstert, und sind ihm näher als die Halsschlagader".

Die arabische Bezeichnung für Gott „Allah" beinhaltet theologisch die Einzigkeit Gottes. In Abgrenzung an die alten vorislamischen Götter ist Allah einzig und allein. „Der grundsätzlichste und wichtigste Bestandteil der Lehre des Propheten Muhammad ist der Glaube an die Einheit Gottes. Dies wird ausgedrückt in der ersten Kalima, dem fundamentalen Glaubensbekenntnis des Islams, das auf arabisch lautet: ‚la ilaha illa-llah' - ‚es gibt keine Gottheit außer Gott'. Dieser wunderschöne Satz ist die Grundlage des Islams, sein Fundament und sein wesentlichster Bestandteil" (Maudoodi 1978, 90).

Zum Begriff „Allah" schreibt Paul Schwarzenau: „Gott ist das Wort, wie das auf den Parakleten verweisende Johannesevangelium in seinem Prolog sagt. Gott ist nicht Begriff, sondern Wort oder Name. Allah ist Gott und der Name in einem.

Das deutsche Wort Gott war ursprünglich ein Neutrum, guddam, das soviel wie das ‚Ausgerufene' bedeutete. Unter dem Eindruck des Gottes Christi verstanden die Germanen, daß dieser Gott nur der Eine Ausgerufene sein konnte: das Ausgerufensein Gottes, das eine ganze Weltzeit überruft.

Der Islam bringt das in seinem Symbol, dem zur Flammenschrift arabischer Schriftzeichen auflohenden Glaubensbekenntnis, das den diese als Ganzheitszeichen umschließenden Kreis noch überloht, als Flammenschrift Allahs zum Ausdruck“ (Schwarzenau 1977, 139 f.).

Damit bringt Schwarzenau die Bedeutung der Namengebung zum Ausdruck. Hier geht es nicht um die Bezeichnung für Gott, sondern vielmehr um eine seiner wichtigsten Eigenschaften, nämlich seine einmalige Einzigkeit. Die Aussagen über die Eigenschaften Gottes basieren auf der Grundüberzeugung von seiner Einzigkeit. Bereits in der Namengebung Gottes soll dieser theologische Inhalt über seine Eigenschaften als Einziger zum Ausdruck gebracht werden.

Damit soll nicht so sehr darauf hingewiesen werden, dass Gott für den Menschen unerreichbar ist, sondern vielmehr, dass er allein darüber bestimmt, wie nah oder wie fern er uns ist. Seine Barmherzigkeit ist aber eines der großzügigsten Geschenke an jedes Individuum. Diese Einzigkeit Gottes stellte eine Revolution in der religiösen Erfahrung für die damaligen Araber dar.

Da in der vorislamischen Zeit die Verwandtschaft unter den Sippenmitgliedern ein Band bildete, das für den Zusammenhalt und das Zugehörigkeitsgefühl innerhalb einer Sippe ein elementarer Bestandteil zum Überleben war, ergab sich daraus, dass die vorislamischen Gottheiten allesamt Söhne und Töchter eines einzigen Gottes waren. Man war seinerzeit nicht fähig, sich Gott vorzustellen als ein Wesen ohne Verwandtschaft. Genau an dieser Stelle setzt die 112. Sure an, die seinerzeit ein völlig neuer Ansatz war. Die Existenz eines göttlichen Wesens, das keine Angehörigen, keine „Sippe“ hat und trotzdem über eine ungeheuerliche Macht verfügt, leitete ein Umdenken in theologischer Hinsicht ein.

Der Koran enthält viele Verse über Gott, seine Macht, sein Wissen und viele andere seiner Eigenschaften. Im folgenden Kapitel soll die Beziehung Gott - Mensch erwähnt werden, vor allem, um die Grundlagen der islamischen Theologie und Gottes Wirkung innerhalb des menschlichen Lebens allgemein sowie speziell für die Artikulierung der islamischen Verhaltensweisen insbesondere in der Diaspora aufzuzeigen.

### *1.2 Die Interaktion des Menschen als Geschöpf mit Gott als seinem Schöpfer*

Die Grundlage der Interaktion zwischen Mensch und Gott fußt auf dem islamischen Grundverständnis Gottes. Dass er der Schöpfer aller Dinge ist, zeigt folgender Vers (2, 117) auf: „Er ist der Schöpfer von Himmel und Erde. Wenn er eine Sache beschlossen hat, sagt er zu ihr nur: sei!, dann ist sie“. Dieser Imperativ „sei!“ bezieht sich sowohl auf tote als auch auf lebende Materie, die der Mensch kennt, sowie auch auf das, wovon der Mensch noch kein Wissen hat. Dass der Mensch selbst eine Kreatur seiner Schöpfung ist, ist aus Sure 23, 12-14 zu entnehmen. „12 Wir haben doch den Menschen (ursprünglich) aus einer Portion (?) Lehm (oder: aus einem Extrakt (?) aus Lehm) geschaffen. 13 Hierauf machten wir ihn zu einem Tropfen (Sperma) in einem festen Behälter (d.h. im Mutterleib). 14 Hierauf schufen wir den Tropfen zu einem Embryo, diesen zu einem Fötus und diesen zu Knochen. Und wir bekleideten die Knochen mit Fleisch. Hierauf ließen wir ihn als neues (w. anderes) Geschöpf entstehen. So ist Gott voller Segen. Er ist der beste Schöpfer (den man sich denken kann)“. In diesen

Versen bekundet sich das Grundverständnis des Menschen als Geschöpf Gottes zusammen mit allen anderen Kreaturen, die Gott geschaffen hat. An dieser Stelle muß gesagt werden, dass die zwei Begriffe „Himmel“ und „Erde“ sich völlig anders manifestieren als das altkirchliche Verständnis. Es gibt laut Koran nicht nur einen Himmel und eine Erde, sondern mehrere. Die Erde ist demzufolge nicht eine Scheibe mit dem darübergestülpten Himmel, sondern ein Vergleich mit der Erde und einem Ei ist koranisch manifestiert. Nun zurück zum eigentlichen Inhalt dieses Kapitels:

Eine Menschenähnlichkeit Gottes analog zur christlichen Darstellung existiert in diesem Zusammenhang nicht. Der Mensch ist eine Kreatur Gottes. Dieses Selbstverständnis des Menschen müßte sein Verhältnis zu den anderen Kreaturen Gottes positiv beeinflussen, mit anderen Worten: Respekt gegenüber anderen Lebewesen sollte selbstverständlich sein! Inwiefern diese islamische Grundhaltung im Alltag berücksichtigt wird, ist freilich eine völlig andere Frage.

Als Kreatur unterscheidet sich somit der Mensch nicht von seinen Mitgeschöpfen. In dieser Erkenntnis kann jeder Muslim in Notsituationen, in denen es um sein Leben geht, einen Trost finden, denn diese Gewißheit, gepaart mit der Barmherzigkeit Gottes, liefert einen verlässlichen Halt und Schutz gegenüber jeder Form menschlicher Selbstüberschätzung und Hybris.

Die Grundlage der Beziehung zum allmächtigen Gott ist in Sure 6, 103 zum Ausdruck gebracht. „Die Blicke (der Menschen) erreichen ihn nicht, werden aber von ihm erreicht. Und er findet (bei jeder Schwierigkeit) Mittel und Wege und ist (über alles) wohl unterrichtet“. So gesehen kennt er bereits die Nöte der Menschen, bevor diese sie überhaupt wahrnehmen.

Stößt einem Menschen etwas Negatives zu, wogegen dieser nichts tun kann, so ist sein Glaube gefordert, indem er dies als von Gott gegeben hinnimmt. Genau hier liegt der Kern der Bezeichnung „Islam“ bzw. des Muslim-Seins.

Die Gattung Mensch ist also als Kreatur von ihrem Schöpfer absolut abhängig. Der Freiraum, den der Mensch hat, in dem er seine schöpferischen Fähigkeiten, die ihm von Gott gegeben worden sind, ausleben kann, ist ihm von Gott gewährt worden. Glücklich ist das menschliche Wesen, dem dies alles bewußt ist und das diese konkreten Geschenke - damit sind alle menschlichen Fähigkeiten gemeint, mit deren Hilfe es sein eigenen Leben innerhalb dieses von Gott eingeräumten Freiraums gestalten kann - annimmt und sein Leben danach formt. „So macht das Bekenntnis zur eigenen Kreatürlichkeit eine tiefgreifende Umkehr des Denkens notwendig, die auch das Handeln des Gläubigen umgestaltet: Anmaßung, Stolz auf den Besitz, Prahlen mit einer zahlreichen und mächtigen Verwandtschaft, alles floß aus der fehlenden Einsicht in die Kreatürlichkeit und wird jetzt als verwerflich erkannt; Raffgier, Betrug beim Messen und Wiegen, Veruntreuung fremden Eigentums, grobe Beschimpfung Schwächerer, Anwendung von Gewalt, das alles muß unterbleiben, damit bei Allah, der peinlich genau über alles Buch führt, das Konto der bösen Taten nicht das der guten überwiege“ (Nagel 1994, 27 f.). Dies findet seine Bestätigung in Sure 2, 281:

„Und macht euch darauf gefaßt, einen Tag zu erleben, an dem ihr (zum Gericht) zu Gott zurückgebracht werdet, worauf jedem voll heimgezahlt wird, was er (im Erdenleben) begangen hat! Und ihnen (d.h. den Menschen, die vor dem Gericht stehen) wird (dabei) nicht Unrecht getan“. Dieser Vers markiert gleichzeitig die Grenze des menschlichen Freiraums, der vorhin erwähnt worden ist. Das Bekenntnis zu der eigenen Kreatürlichkeit innerhalb der islamischen Theologie rechnet in hohem Maß mit Gottes Wirken und Handeln in seiner Eigenschaft als Barmherziger Erbarmer. Gott ist aber kein Sadist, der den Menschen mit negativen Eigenschaften ausstattet, um ihn nachher zu bestrafen. So heißt es in 2, 286: „Gott verlangt von niemand mehr, als er (zu leisten) vermag. Jedem kommt (dereinst) zugute, was er (im Erdenleben an guten Taten) begangen hat, und (jedem kommt) auf sein Schuldkonto, was er sich (an bösen Taten) geleistet hat. Herr! Belange uns nicht, wenn wir vergeßlich waren oder uns versehen haben! Herr! Lad uns nicht eine drückende Verpflichtung auf, wie du sie denen aufgeladen hast, die vor uns lebten! Herr! Belaste uns nicht mit etwas, wozu wir keine Kraft haben! Verzeih uns, vergib uns und erbarm dich unser! Du bist unser Schutzherr. Hilf uns gegen das Volk der Ungläubigen!" In diesem Vers ist exakt beschrieben, wie sich eine schwache Seele, die Fehler begangen hat, Gott gegenüber zu verhalten hat. Das wichtigste ist hierin die Feststellung, dass Gott von niemandem mehr verlangt, als dieser zu leisten vermag. Die Annahme eines jeden Menschen durch Gott ist auch trotz Vergehen gewährleistet. Eines muß aber jedes Individuum berücksichtigen, dass nämlich die letzte Entscheidung Gott allein überlassen ist. Dabei darf jeder, der sich im Rahmen seiner Schwäche nur ein bißchen um das Gute bemüht, darauf vertrauen, dass es ihm zugute kommt. Eine weitere Bestätigung dieses Sachverhaltes findet sich in 2, 233. „...Von niemand wird mehr verlangt, als er (zu leisten) vermag...".

Das, was dem Leser des Heiligen Buches widersprüchlich erscheint, ist bei genauerem Hinsehen nichts anderes als eine Darstellung von gegensätzlichen Inhalten, um die Kontraste hervorzuheben. Historische Beispiele oder in sich scheinbar widersprüchliche Aussagen sind in Wahrheit nichts anderes als Abgrenzungen, die den Freiraum der Kreatur Mensch abstecken. „Das koranische Menschenbild bewegt sich zwischen zwei Polen; denn einerseits befindet sich der Mensch in einer Sklavenstellung gegenüber Gott als dem Herrn der Schöpfung; zum andern ist er aber auch Stellvertreter Gottes auf Erden“ (Bürgel 1991, 35).

Jedes Individuum hat zu bestimmen, welchen Platz es in dem vom Schöpfer gewährten Freiraum in Respektierung der Grenzen dieses Freiraums einzunehmen gedenkt. Die Macht Gottes ist im oben genannten Vers sehr klar und eindeutig dargestellt. Dass dieser Gott mit seiner geballten Macht dem Menschen näher ist als die eigene Halsschlagader zeigt Vers 16 in der 50. Sure: „ Wir haben doch (seinerzeit) den Menschen geschaffen. Und wir wissen, was er sich selber (an bösen Gedanken) einflüstert, und sind ihm näher als die Halsschlagader“.

### *1.3 Der Mensch als Kreatur Gottes und Gottes Barmherzigkeit ihm gegenüber*

Stellt man die Frage nach den Kräften, die den Menschen innerhalb seines von Gott zur Verfügung gestellten Freiraums auf der Erde steuern, so sind folgende Punkte zu beachten:

- Grundlegend gilt das Bewußtsein, aus dem der Mensch handelt.

- Die menschliche Vernunft ist als Gottes Gabe dem Menschen auf seinem Lebensweg mitgegeben.

- Die menschlichen Gefühle sind als wichtiges Unterscheidungsmerkmal zu den Engeln von Gott dem Menschen verliehen.

- Es besteht eine Spannung zwischen der menschlichen Vernunft und den ureigenen Gefühlen und Neigungen des Menschen.

In einem islamischen Umfeld und bedingt durch den Nachahmeffekt des rituellen Gebetes und des Fastens wird im Laufe der Sozialisation der Mensch zu einer Religion geführt, mit der er ganz(heitlich) auf Gott ausgerichtet ist. Aus diesem Bewußtsein resultiert das korrekte Verhalten. Dieser Prozeß wird durch Erziehung entweder verstärkt oder abgetötet. Innerhalb dieses seelischen Geschehens wirkt Gott gleichsam als eine interne psychische Kraft, die ihn in seiner Handlungsweise steuert. Hieraus gewinnt der Mensch sein Selbstverständnis und die geistige Energie für seine Handlungen. Von der Güte Gottes dem Menschen gegenüber heißt es in der 2. Sure, Vers 30: „Und (damals) als dein Herr zu den Engeln sagte: ‚Ich werde auf der Erde einen Nachfolger einsetzen‘! Sie sagten: ‚Willst du auf ihr jemand (vom Geschlecht der Menschen) einsetzen, der auf ihr Unheil anrichtet und Blut vergießt, wo wir (Engel) dir lobsingen und deine Heiligkeit preisen?‘ Er sagte: ‚Ich weiß (vieles), was ihr nicht wißt“.

Der Begriff des Menschen als Nachfolger Gottes birgt eine ungeheure Gefahr in sich. Der menschlichen Hybris könnte dadurch Tür und Tor geöffnet werden. Der Mensch könnte sich als „Vertreter Gottes“ auf Erden verstehen.

Es ist wichtig, an dieser Stelle die Parallele vom Christentum mit einzubeziehen. Der Begriff der Inkarnation Jesu manifestiert den Sachverhalt, dass der Mensch, da Jesus einer war und gleichzeitig den fleischgewordenen Gott darstellt, doch Gott ähnlich ist. Hierin liegt ein großer Irrtum des christlichen Individuums, das theologisch unbelastet ist. Theologischchristlich bedeutet die Ähnlichkeit des Menschen mit Gott nichts anderes als der Besitz der einen Portion Vernunft, die er Adam auf dem Lebensweg mitgegeben hat. Dies bezieht sich genau auf das islamische Verständnis in seiner Beziehung zu Gott.

Das christliche Missverständnis des Individuums hat natürlich verheerende Folgen für den Umgang des Christenmenschen sowohl mit seinen Mitmenschen als auch mit der Umwelt. Diese Haltung steht absolut im Gegensatz zum Leben Jesu, denn nach der islamischen Darstellung stellte er in seiner Handlungsweise die Krone der Demut dar.

Diese oben erwähnte falsch verstandene Grundeinstellung vieler Christen wäre ein absoluter Widerspruch zu der islamischen Grundeinstellung im Sinne der Hingabe unter den Willen Gottes. Damit wäre der Mensch alles andere als eine Kreatur Gottes. Die Bezeichnung „Nachfolger" für den Menschen unmittelbar vor der Erschaffung Adams im Dialog mit den Engeln, was in dem oben zitierten Vers zu lesen ist, stellt das höchste Geschenk Gottes an den Menschen dar. Um diesen Vers richtig zu begreifen, muß man einen Blick auf die Mentalität des Empfängervolkes der islamischen Botschaft werfen. Es galt damals und gilt noch bis heute, dass die angebotene Güte, gleichgültig, woher sie kommt, nicht in dem vollen Umfang, in der sie gegeben wird, angenommen werden darf. Da die Lebensbedingungen der Beduinen als Wüstenbewohner sehr hart sind, hat sich diese Sitte eingebürgert. Im Umgang miteinander ist man sehr großzügig im verbalen Bereich. Im Materiellen aber muß man überaus sparsam sein. Der Anbieter offeriert viel mehr als das, was er in Wahrheit geben will. Berücksichtigt man diesen Sachverhalt und wendet man ihn an in der Beziehung Gott - Mensch, so hat das Individuum viel mehr davon, wenn es sich nicht als den Nachfolger Gottes ansieht, sondern das Wissen, dass es für Gott wichtig ist, ist mehr, als es sich erhoffen darf.

## *1.4 Die Sichtweise der islamischen Theologie*

Interessant ist die Sichtweise der islamischen Theologie in der offiziellen Korankommentierung dieses Verses durch die Islamische Weltliga in Mekka, die durch den Dekan der Fakultät für Grundlagen des Islam der Al-Azhar-Universität in Kairo beglaubigt worden ist. „Es scheint, daß die Engel, obwohl sie heilig und rein und von Gott mit bestimmten Fähigkeiten ausgestattet sind, nur eine Seite der Schöpfung darstellen. Wir müssen sie uns wohl ohne Leidenschaften und Gemütsbewegungen vorstellen, deren edelste Blüte die Liebe ist. Wenn der Mensch mit Gefühlen begabt werden sollte, so konnten ihn diese Gefühle in höchster Höhe tragen oder in tiefste Tiefe stürzen. Die Fähigkeit, sich frei zu entscheiden, selbst zu wählen, mußte mit diesen Gefühlen einhergehen, damit der Mensch das Steuer seines Lebensschiffs selbst in der Hand habe. Die Fähigkeit der freien Willensentscheidung verlieh ihm (sofern er sie richtig nutzte) in gewissem Umfang die Herrschaft über sein eigenes Geschick und über die Natur. Dadurch wurde er dem Göttlichen Wesen nähergebracht, das die höchste Gewalt und den absoluten Willen besitzt. Wir können annehmen, daß die Engel keinen eigenen, unabhängigen Willen besitzen. Ihre Vollkommenheit auf anderen Gebieten spiegelt die Vollkommenheit Gottes wider. Doch vermochte sie nicht, sie in den hohen Rang der Statthalterschaft Gottes zu erheben. Der vollkommene Statthalter oder Stellvertreter ist der, der die Fähigkeit und das Recht des eigenen Handelns hat, dessen selbständiges Tun jedoch stets genau den Willen seines Herrn wiedergibt. Die Engel sahen infolge ihrer Einseitigkeit nur das Unheil, das sich aus dem Mißbrauch der von Gefühlen beherrschten Natur des Menschen ergeben kann; vielleicht verstanden sie auch, da sie selbst ohne Gefühle waren, das Wesen Gottes in seiner Gesamtheit nicht, das Liebe gibt und fordert. In Demut und Ergebenheit in Gott machen sie ihre Bedenken geltend“ (Die Bedeutung des Korans Bd. 1, 1996, 28 f.).

Daraus läßt sich folgende Klassifizierung ableiten: Gott ist der Schöpfer aller Dinge, sowohl der Engel als auch der Menschen. Während die Engel mit nur guten Eigenschaften ausgestattet sind und Gott blind gehorchen, ist der Mensch mit Gefühlen und Neigungen versehen, die ihn in moralisch zwiespältige Situationen bringen, wo er zwischen den Fronten der von Gott gegebenen Gebote und Verbote mit Hilfe seiner Vernunft seine Handlungsweise bestimmen muß. Hier liegt nach der aktuellen offiziellen islamischen Theologie der Unterschied zu den Engeln bzw. existieren die Eigenschaften, die den Menschen zum „Nachfolger“ Gottes im Sinne der koranischen Aussagen machen.

Gerade das Bewußtsein der Bestimmung zum „Nachfolger“ Gottes impliziert das Wissen des Angewiesenseins auf Gott, der „Rechtleitung“ durch seine Gebote und Verbote (vgl. Ginaidi 2002, 210 f.).

Ein Mensch, der gegen die Gebote Gottes verstößt, hat bei seinem Handeln eine tiefsitzende Hemmschwelle, die er bei seinem negativen Tun überschreitet. Er gehört aus islamischer Sicht zu denen, die auf Gottes Barmherzigkeit angewiesen sind. „Die Ungläubigen dagegen, die Polytheisten, stehen außerhalb dieser Beziehung zu Gott, sie werden eigentlich gar nicht als Menschen oder jedenfalls nur als geistig-seelische Krüppel gewertet: ‚In ihren Herzen ist eine Krankheit‘ und sie sind ‚taub, stumm und blind‘. Auf diese Gebrechen weist der Koran mehrfach hin und betont zudem auch ihre Unheilbarkeit“ (Bürgel 1991, 35). Das letzte Urteil über sie ist freilich nur eine Angelegenheit Gottes. Warum es solche Menschen geben soll, darüber kann man im Rahmen der islamischen Theologie nur spekulieren, wobei eine solche Spekulation mit äußerster moralischer Vorsicht zu vollziehen ist, da diese als eine ungebührliche Bewertung des göttlichen Handelns und Urteilens erscheint. Man nimmt diese göttlichen Entscheidungen als eine Lehre für den, der sich um das Gute bemüht, hin. Vor allem gilt hier das Motto: „Sein Wille geschehe" ohne Wenn und Aber.

Eine Analogie zu dieser Verhaltensweise befindet sich im folgenden sehr einleuchtenden Beispiel: Ein Königssohn, der sich unter das Volk mischt, muß in seinem Benehmen dem König bzw. seiner Abstammung gerecht werden. Verhält er sich wie ein Schofel, so hat er dafür zu sorgen, dass der Ruf des Königs durch sein Handeln nicht beeinträchtigt wird. So gesehen müßte die menschliche Handlungsweise der Güte Gottes dem Menschen gegenüber Rechnung tragen.

An dieser Stelle muß man an die Rolle Jesu denken. Er ist für uns Muslime alles andere als ein Gottessohn, denn Gott hat weder Söhne noch Töchter und der Mensch ist für das islamische Verständnis nur eine seiner Kreaturen. Jesus stellt historisch eines der besten Beispiele wie man auf den Ruf Gottes achten sollte, dar. Er war selbstverständlich mit vielen Fähigkeiten von Gott ausgestattet, beispielsweise Kranke zu heilen oder sogar Tote zum Leben erwecken, trotzdem blieb er gottesfürchtig und hielt sich innerhalb der Grenzen, die ihm Gott vorgab. Aus dieser Sichtweise ist er ein hervorragendes Beispiel nicht nur für die Christen, sondern für alle Menschen in bezug auf seine Haltung und Lebensweise zu Gott und zu den Mitmenschen. Diese Rolle haben alle Gesandten Gottes uns vorexerziert.

## *1.5 Die Funktion der bipolaren Struktur des Menschen*

Als Schutz gegen die eigene Überheblichkeit und zur Unterstreichung der Macht Gottes wird dem Menschen im Koran in 15, 26 ff. die tiefste Wurzel seiner Entstehung aufgezeigt. „26 Wir haben doch (bei der Erschaffung der Welt) den Menschen aus feuchter Tonmasse (?) geschaffen. 27 Und die Geister haben wir (schon) vorher aus dem Feuer der sengenden Glut (?) geschaffen. 28 Und (damals) als dein Herr zu den Engeln sagte: ‚Ich werde einen Menschen aus feuchter Tonmasse (?) schaffen. 29 Wenn ich ihn dann geformt und ihm Geist von mir eingeblasen habe, dann fallt (voller Ehrfurcht) vor ihm nieder!" Dass eine edle Abstammung nicht nur für die Araber seinerzeit und bis heute noch für das menschliche Bewußtsein ungeheuer wichtig ist, ist eine bekannte Tatsache. Wie jeder weiß, wird Ton aus Erde bzw. Staub gewonnen und genau dieser Stoff ist ein Symbol für Schmutz und „Dreck", von dem jeder Mensch in seiner Behausung versucht, sich davon zu befreien. Dieser Tatbestand zeigt den Menschen auf das Schmerzlichste ihren wahren Ursprung. Diese Abstammung ohne das Wirken Gottes wäre für den verständigen Menschen alles andere als edel. Genau hier erkennt das menschliche Wesen, dass es keinen gemeinsamen Ursprung mit Gott hat. Deshalb kann und darf der Erdensohn innerhalb der islamischen Glaubenslehre sich niemals auf die gleiche Ebene mit Gott stellen trotz seiner von Gott gegebenen Höherstellung als „Nachfolger".

Diese Polarität, die der menschlichen Gattung anhaftet, einerseits aus „Dreck" geschaffen, andererseits durch Gottes Geist zu dem geworden zu sein, was er ist dank seiner Gnade, lässt sich gewissermaßen projizieren auf das Leben, das Jesus uns vorgelebt hat. Aus dieser Motivation heraus, da es viele Muslime gibt, die meinen, dass Jesus nur für die Christen da ist, und Christen, die glauben, Jesus gehöre ihnen allein, wurde dieses Buch geschrieben. Alle abrahamischen Botschaften Gottes gehen von daher alle Abrahamiten viel an. Es liegt ein großer Sinn in dieser Vielfalt für jeden verständigen Juden, Christen und Muslim.

In den oben erwähnten koranischen Zitaten findet man eine klare Hervorhebung und eine Demonstration der Macht des Allmächtigen. In diesem Aufweis der menschlichen Abstammung liegt der Quell für die menschliche Demut im diesseitigen menschlichen Leben. Die Aufwertung des Menschen dadurch, dass die Engel voller Ehrfurcht vor diesem aus Ton geschaffenen Geschöpf niederfallen mußten, ist ein klares eindeutiges Beispiel für die ambivalente Form der koranischen Offenbarung. Auf der einen Seite steht der Staub bzw. Erde als der Grundstoff, aus dem der Mensch geschaffen worden ist, auf der anderen Seite befindet sich die Hervorhebung dieses Geschöpfes bis zum Nachfolger Gottes. Man kann dies als einen Widerspruch betrachten. Man könnte aber auch mit Recht sagen: Es gehört zur Pädagogik und Didaktik Gottes, dass er das Menschengeschlecht lehrt, sein Dasein in diesem Spannungsverhältnis zu sehen.

Ein Blick auf das Ende des menschlichen Lebens bestätigt diese Sicht. Der Mensch, von der Erde genommen, wird wieder zu Staub. Das Wissen um die Spannung von „grandeur“ und misère“ des Menschen (B. Pascal) ist eine der Gemeinsamkeiten zwischen den drei abrahamischen Religionen – und damit ein möglicher Ansatz für einen Dialog zwischen ihnen.

„Als Kreatur Gottes ist der Mensch zu Gott hin geschaffen; kann sich seine Natur ohne alle Beeinflussung entfalten, ist er gut. Aber der Mensch ist verführbar. Gott hat ihm den Verstand verliehen und hiermit die Herrschaft über die Schöpfung, er hat ihn zu seinem Stellvertreter auf der Erde gemacht. Der Verstand aber ist eine durchaus mehrdeutige Gnadengabe: Mit Argumenten kann er die Menschen verführen,..." (Nagel 1994, 29).

Nur darf man dabei das Bewußtsein nicht vergessen, mit dem der Mensch seine Handlungen vollzieht. Agiert er in der Gewißheit, Vertreter Gottes auf Erden zu sein, so wird er in diesem Zustand Gott stets berücksichtigen und in dieser seelischen Verfassung das Richtige tun. Tut er das nicht, so kann er mit seinem Tun nur sich selbst schaden. Hier liegt die Wahrheit und die Weisheit des islamischen Verständnisses der Interaktion von Gott und Mensch.

Bei den oben erwähnten Beispielen in der Kommentierung der Verse des Koran in bezug auf die Interaktion Mensch - Gott vermißt man immer wieder das Fingerspitzengefühl und Verständnis für die Problematik innerhalb der islamischen Theologie. Von daher gesehen wäre es sinnvoller, mit Muslimen über solche Themen gemeinsam etwas zu schreiben als nur selbst in eigener Regie über deren Glaubenslehre zu diskutieren. Man sieht bei dieser Literatur, dass ihre Autoren sich in der Tat offen und ehrlich mit ihrer vollen geistigen Kraft auf die Probleme eingelassen haben, aber der Gewinn sowohl für Muslime als auch für Nichtmuslime wäre wesentlich größer, wenn man die Frage dialogisch angegangen hätte. In der koranischen Diskussion über diese Interaktion geht es nicht prinzipiell nur um den Menschen als Muslim, sondern vielmehr um seine Gattung.

Analog zu dieser oben diskutierten Beziehung zwischen Mensch und Gott aus islamischer Sicht wüsste ich als Muslim sehr gern, wie das aus christlicher Sicht aussieht. Durch Diskussionen mit vielen christlichen Theologen und Nichttheologen, mit denen ich befreundet bin, erkannte ich, dass das kirchliche Amt innerhalb dieser Beziehung Mensch – Gott eine große Rolle spielt. Unabhängig von der kirchlichen Richtung stellt dieses Amt ein zweischneidiges Schwert dar. Es kann sich einmal sehr positiv auf den einzelnen auswirken, seine Gefühle und Neigungen mit dem Glauben in Einklang zu bringen, andererseits auch, wie die Kirchengeschichte es bewiesen hat, leider den einzelnen missbrauchen. Zwar hat man aus den negativen Abschnitten der Historie gelernt und sich wirklich geändert, aber die Glaubwürdigkeit muß leider neu wieder hergestellt werden.

Dass die Unzulänglichkeiten der Sterblichen Gott bekannt sind, steht auch im Koran geschrieben. In Sure 17, 9 ff. ist ein Fingerzeig Gottes gerade zum korrekten Gebrauch des Verstandes bzw. seiner argumentativen Art und Weise zu finden. „9 Dieser Koran leitet zu dem, was wirklich richtig ist (oder: was richtiger ist) und verkündet den Gläubigen, die tun, was recht ist, daß ihnen (dereinst) ein hoher Lohn zuteil wird, 10 und daß wir für diejenigen, die nicht an das Jenseits glauben, eine schmerzhafte Strafe bereit haben. 11 Der Mensch ruft (zu Gott ebenso bereitwillig) um das Unheil (w. das Schlimme) (indem er flucht?) (oder: (indem er spottenderweise das Strafgericht herbeiwünscht?)), wie er (zu ihm) um das Gute ruft (indem er ihn um seinen Segen bittet). Er hat es allzu eilig“.

Diese Verse zeigen, dass Gott über alles Bescheid weiß, auch über das, was im Denkvorgang des Menschen vollzogen wird. Die Logik einer Argumentation bietet kein Versteck für ungläubiges Verhalten. Er allein weiß, warum ein menschliches Wesen nach ihm ruft. „Er hat es allzu eilig“. Diese Aussage symbolisiert die Unzulänglichkeit des Menschen als menschliche Eigenschaft, die kein anderer besser kennen kann als ihr eigener Schöpfer. Für die barmherzige Vorgehensweise Gottes gegenüber seinen Geschöpfen und gerade den intelligentesten unter ihnen zeigt Gott in Sure 17, 67, wie gut er die menschliche Natur kennt. „Wenn ihr (nun) in Seenot kommt, entschwinden (alle) die (falschen Götter), zu denen ihr betet (und werden zu nichts), außer ihm. Aber nachdem wir euch an Land gerettet haben, wendet ihr euch ab (und verfallt wieder der Vielgötterei). Der Mensch ist (eben) undankbar".

Genau dieses Beispiel hat uns Jesus im Garten Gethsemane am Ölberg östlich Jerusalems nach seiner Verhaftung nach dem Abendmahl vorgelebt, als er sagte: „Vater, laß´ diesen Kelch an mir vorüberziehen!" Unabhängig von der Problematik, ob Jesus Gottes Sohn ist oder nicht, lässt Gott seinen „Botschafter" in eine solche Situation geraten, um der Menschheit ein eindeutiges Signal zu setzen, an wen man sich gerade in elementaren Notsituationen zu wenden hat. Trotz fantastischer Eigenschaften, die Gott ihm verliehen hat wie z.B. Aussätzige zu heilen und Tote aufzuerwecken, hat sich Jesus nicht geniert, sich doch in seiner Notlage an ihn zu wenden.

Diese Warnung ist an die gerichtet, die eventuell auf die Idee kämen, Gott zu überlisten. Der oben erwähnte Vers 67 in Sure 17 beinhaltet ebenfalls eine Botschaft an diejenigen, die auf der Höhe ihrer geistigen Kräfte sind. Sie sollen nicht die Gunst der Stunde zu ihrem Vorteil ausnützen und sich dadurch persönliche Privilegien verschaffen, denn sie verdanken diesen Zustand dem Schöpfer allein.

## *1.6 Der Islam und die Erbsünde*

Ein wichtiger Aspekt in der Beziehung Mensch - Gott innerhalb der islamischen Glaubenslehre ist die menschliche Existenz frei von dem Fluch einer „Erbsünde". Hiermit ist der Fall, der zur Vertreibung Adams und Evas aus dem Paradies geführt hat, gemeint. Nach der islamischen Darstellung wurde Adam nicht von Eva aufgefordert, vom Baum der Erkenntnis einen Apfel zu pflücken, sondern es war vielmehr der Satan, der beide dazu verführt hat.

Dieser Fall ist zwar der islamischen Glaubenslehre bekannt, er ist aber kein Ereignis, das das Schicksal der gesamten Menschheit überschattet. Es ist von der Ursünde die Rede, aber jedoch nicht von der Erbsünde. „Nach seiner Lehre gibt es keine Individualsünde, die in die Verantwortlichkeit anderer Menschen gelegt werden könnte. Der Sündenfall von Adam und Eva ist nur insofern theologisch relevant, als er der erste seiner Art war. Die Akteure haben ihn bereut; damit steht seine Geschichte nicht mehr zur Debatte. Diese Ausgangslage macht es begreiflich, warum der Islam die Taufe als Akt der Reinwaschung von der Erbsünde nicht kennt. Jedes Kind wird vielmehr nach seinem Konzept sündenlos und mit einer natürlichen Veranlagung, sich Gott als Schöpfer hinzugeben, geboren“ (Khoury 1987, 1096 f.). Dieser Akt der Barmherzigkeit Gottes gegenüber den Ureltern der Menschen, Adam und Eva, stellt exakt den Gegenpol zur Ursünde dar. Gottes Güte wird demzufolge mit jedem Kind neu geboren. Es ist ohne Sünde und hat die Freiheit, „als Gottes Nachfolger“ sich absolut frei zu entscheiden zwischen dem, was böse ist, und dem Guten.

Was es mit der Ursünde im islamischen Verständnis auf sich hat, wird in Sure 7, 19-25 deutlich. Zudem zeigt sich hier auch die Gleichstellung von Mann und Frau Gott gegenüber. „19 Und (Gott sagte): ‚Adam! Verweile du und deine Gattin im Paradies, und eßt (Früchte), von wo ihr wollt! Aber naht euch nicht diesem Baum, sonst gehört ihr zu den Frevlern!‘ 20 Da flüsterte ihnen der Satan (böse Gedanken) ein, um ihnen kundzutun, was ihnen von ihrer Scham (w. Schlechtigkeit) (bis dahin) verborgen war. Und er sagte: ‚Euer Herr hat euch diesen Baum nur verboten, (um zu verhin-

dern), daß ihr zu Engeln werdet oder (sonst) zu Wesen, die ewig leben.‘ 21 Und er schwur ihnen (und beteuerte): ‚Ich rate euch gut.‘ 22 Und so beschwatzte (?) er sie, indem er (sie) betörte. Als sie nun von dem Baum gegessen hatten, wurde ihnen ihre Scham kund, und sie begannen, Blätter (von Bäumen) des Paradieses über sich zusammenzuheften. Und ihr Herr rief ihnen zu: ‚Habe ich euch nicht jenen Baum verboten und euch gesagt: Der Satan ist euch ein ausgemachter Feind?‘ 23 Sie sagten: ‚Herr!
Wir haben (indem wir dein Verbot mißachteten) gegen uns selber gefrevelt. Wenn du nicht uns vergibst, und dich unser erbarmst, werden wir (dereinst?) zu denen gehören, die den Schaden haben.‘ 24 Gott (w. Er) sagte: ‚Geht hinab (auf die Erde)! Ihr (d.h. ihr Menschen und der Satan) seid (künftig) einander feind. Und ihr sollt auf der Erde (euren) Aufenthalt haben, und Nutznießung auf eine (beschränkte) Zeit.‘ 25 Er sagte: ‚Auf ihr werdet ihr leben und auf ihr sterben, und aus ihr werdet ihr (dereinst bei der Auferstehung wieder) hervorgebracht werden“.

In diesem Dialog hat Gott beide, Adam und Eva, als eine Einheit angesprochen. Wichtig ist, dass der Verursacher bzw. der Verführer, der beide veranlaßt hat, gegen Gottes Gebote zu verstoßen, der Satan war und nicht die Eva und damit trifft insofern die Schuld beide, da sie auf Satan gehört haben.

Bürgel ist der Ansicht, dass die Aussage Gottes, der Mensch ist sein Nachfolger auf Erden, sich nur auf einzelne Menschen beziehe. „Richtig ist, daß in keinem Fall ausdrücklich von ‚Stellvertreter(n) Gottes‘ die Rede ist“ (Bürgel 1991, 37). Diese Behauptung kann man so nicht stehen lassen. Der Gegenbeweis befindet sich in folgendem koranischen Zitat: „Und (damals) als dein Herr aus der Lende (w. aus dem Rücken) der Kinder Adams deren Nachkommenschaft nahm und sie gegen sich selber zeugen ließ! (Er sagte:) ‚Bin ich nicht euer Herr?' Sie sagten: ‚Jawohl, wir bezeugen es.' (Dies tat er) damit ihr (nicht etwa) am Tag der Auferstehung sagt: ‚Wir hatten davon keine Ahnung'" (7, 172).

Die Kinder Adams und Adam selbst bilden nicht nur für das damalige, sondern auch noch für das heutige Verständnis eine Einheit. Das, was für den Vater gegolten hat, ist ebenfalls für seine Nachkommenschaft gültig. An dieser Stelle muß wiederholt werden, dass derjenige, der fremdartige Kulturen, Menschen und erst recht fremde Religionen begreifen will, sich zunächst von seinen eigenen Denkschemas in bezug auf das, was neu ist, verabschieden muß oder er muß sich wohl die Mühe machen, das gesamte ethnologische Umfeld zu begreifen. Adam ist im Koran Inbegriff für alle Menschen, unabhängig von ihrer Rassen-, Sprach- und Religionszugehörigkeit – wie in der Bibel! Die Verantwortung eines jeden einzelnen für sich selbst im Umgang mit dem von Gott ihm auferlegten „Kalifat" ist ein Beweis dafür, dass jeder Mensch, ob Mann oder Frau, Gottes Nachfolger auf Erden ist. Die Manifestierung für die Eigenverantwortlichkeit eines jeden Individuums für seine Verhaltensweise findet sich in der 99. Sure, 7 und 8, beispielhaft: „7 Wenn dann einer (auch nur) das Gewicht eines Stäubchens an Gutem getan hat, wird er es zu sehen bekommen. 8 Und wenn einer (auch nur) das Gewicht eines Stäubchens an Bösem getan hat, wird er es (ebenfalls) zu sehen bekommen".

Das Vorhandensein eines Priesteramtes bzw. die Lebensweise eines Mönches wird deshalb im Islam als ein Versuch des einzelnen, sich dieser ihm von Gott auferlegten Verantwortung zu entziehen, gesehen. „...es gibt keine Priester oder Mönche, die ihnen aus einem von einer menschlichen Institution verwalteten Gnadenschatz den notwendigen Anteil zuweisen könnten" (Nagel 1994, 31).

## *1.7 Der Preis für das Kalifat des Menschen*

Der Mensch wurde als Nachfolger, „Kalif" Gottes auf der Erde eingesetzt, indem ihm die Entscheidungsfreiheit gegeben wurde. Der Allmächtige bestimmte für ihn aus islamischer Sicht den Freiraum, in dem er sich zu bewegen hat. In diesem Kapitel soll das Spannungsfeld, dem er in dieser Position ausgesetzt ist, dargestellt werden oder anders ausgedrückt: wie wird er, die Kreatur Mensch, mit dieser Güte Gottes umgehen?

Damit für den Leser keine Mißverständnisse entstehen, soll zunächst die islamische Betrachtungsweise gegenüber der christlich-abendländischen Vorgehensweise abgegrenzt werden. „Die Frage nach der Sonderstellung des Menschen in der Natur beherrscht die moderne Anthropologie gerade auch da noch, wo man den Menschen aus seinem Verhältnis zum Tier begreift; denn es geht bei solcher Untersuchung ja gerade um die Feststellung des unterscheidend Menschlichen. Die christlich-metaphysische Tradition hatte diese Sonderstellung des Menschen durch den Begriff der unsterblichen Geistseele, die allein dem Menschen gegeben sei, begründet. Diese individuelle, unsterbliche Seele war nicht nur als Teilhabe an einer den Kosmos durchwaltenden Weltseele gedacht, sondern biblisch-christlich als überirdische Auszeichnung und Würde des Menschen, die ihn über den ganzen Kosmos erhebt und ihn dem Kosmos gegenüber an die Seite Gottes stellt" (Pannenberg 1983, 25). Dieser Sichtweise kann man islamisch gesehen bis auf einen Punkt zustimmen. Dass der Mensch eine Sonderstellung hat, darüber sind beide Religionen einig, aber inhaltlich zeigt sich doch ein Unterschied. Wird die Sonderstellung des Menschen in Sicht der „Gottebenbildlichkeit" (Gen 1, 27) verstanden, liegt da nicht die Gefahr nahe, den „unendlichen qualitativen Unterschied" zwischen Gott und Mensch, zwischen Schöpfer und Geschöpf zu verwischen?

Das islamische Verständnis des Menschen als „Kalif" steht eindeutig gegen eine solche Verwischung.

Aus der Sonderstellung des Menschen resultiert auf keinen Fall so etwas wie eine Gleichstellung von Gott und Mensch. Der Unterschied bleibt gewahrt und der Mensch ist und bleibt ein Teil der Schöpfung. Der Schöpfer hat dem Menschen den Verstand gegeben. „Der Verstand soll zur Zügelung der Triebe und Leidenschaften beitragen, nicht aber zur spekulativen Erfassung des Wesens von Gott und Schöpfung mißbraucht werden. Denn nicht das Vermögen, den Verstand zu gebrauchen, bildet den Gegensatz zu Zügellosigkeit und Leidenschaft, sondern das auf Gott selber zurückgehende Wissen von der Rechtleitung, das unwiderlegbar ist" (Nagel 1994, 29). Diese kurze Definition des Verstandesgebrauchs stellt eine Art Gebrauchsanweisung für den Verstand dar.

In Sure 2, 31-33 heißt es: „31 Und er lehrte Adam alle Namen (d.h. er lehrte ihn, jedes Ding mit seinem Namen zu bezeichnen). Hierauf legte er sie (d.h. die einzelnen Dinge) den Engeln vor und sagte: ‚Tut mir ihre Namen kund, wenn (anders) ihr die Wahrheit sagt!'" Mit diesem Vers begann die göttliche Vorbereitung Adams auf seine Stellung als Nachfolger. Wichtig ist hier, dass Gott ihn die „Namen der Dinge" lehrte. Jeder Pädagoge weiß, dass die geistige Erfassung eines Gegenstandes mit der Namengebung beginnt. Das Denken fängt erst mit der Sprache an.

Diese koranische Andeutung beinhaltet nichts anderes als dass Gott höchstpersönlich dem Menschen das Denken beigebracht hat und genau diese göttliche Eigenschaft hat er den Engeln vorenthalten. „32 Sie sagten: ‚Gepriesen seist du! Wir haben kein Wissen außer dem, was du uns (vorher) vermittelt hast. Du bist der, der Bescheid weiß und Weisheit besitzt'".

Diese Antwort der Engel auf Gott war ihre Reaktion darauf, dass Gott Adam „die Namen der Dinge“ lehrte und sie nicht. „33 Er sagte: ‚Adam! Nenne ihnen ihre Namen!‘ Als er sie ihnen kundgetan hatte, sagte Gott (w. er): ‚Habe ich euch nicht gesagt, daß ich die Geheimnisse von Himmel und Erde kenne? Ich weiß (gleichermaßen), was ihr kundgebt, und was ihr (in euch) verborgen haltet’“. Diese Prüfung Adams stellvertretend für die menschliche Spezies gegenüber den Engeln, die Adam mit Bravour bestanden hat, war die endgültige Ernennung des Urvaters der Menschheit als Nachfolger Gottes auf Erden. Hiermit übernahm der Mensch nicht nur das Kalifat, sondern auch die Verantwortung für den Bereich im Kosmos, den Gott ihm zugewiesen hat.

Diese koranische Aussage über die Herkunft des menschlichen Denkens darf bei der Anwendung dieser Fähigkeit niemals vergessen werden. Ist das der Fall, so steht das Ergebnis in einer Disharmonie mit der Ganzheit der Schöpfung im menschlichen Dasein und das auf allen Ebenen, sowohl der materiellen als auch der geistigen. An dieser Stelle sollte die Diskrepanz zwischen der Schöpfung Gottes und dem menschlichen Zivilisationsabfall mit seinen Konsequenzen für die Umwelt erwähnt werden.

Diese kognitive Fähigkeit des Menschen, die Gott ihm auf den Lebensweg mitgab, stellt ein zweischneidiges Schwert dar. Der Koran hat die Gebrauchsanweisung zum richtigen Einsatz dieser Fähigkeiten mitgeliefert. Der sprachliche Einfluß dieses Heiligen Buches auf die arabische Sprache geht so weit, dass solche Verhaltensweisen in die alltäglichen Redewendungen mit hineingeflossen sind.

Ein kleiner Exkurs in die Sprache des Koran, nämlich arabisch, soll die islamische Auffassung vom Umgang mit dem Verstand bzw. mit der

Denkfähigkeit des Menschen verdeutlichen. Ein verständiger Mensch heißt im Arabischen „aaqel“. Ein Mensch, der dem Kamel seine Zügel anlegt, lautet im Arabischen „jaaqel“. Dieses „j“ bezieht sich auf die aktive Form des Täters, der dieses Verb vollzieht. So erkennt man, dass das Denken und sich Zügeln in der arabischen Sprache denselben sprachlichen Stamm haben. Dieser Tatbestand beinhaltet einen behutsamen Umgang mit der Gottesgabe, nämlich mit der von ihm uns geschenkten Vernunft keinen Mißbrauch zu betreiben bzw. sie richtig anzuwenden. Dieses höchste Gut, das uns zum Nachfolger Gottes macht, sollte auf keinen Fall für egoistische Zwecke eingesetzt werden, die aus eigenen Gefühlen und Neigungen entspringen.

Allerlei Disharmonien im Verhältnis zur Schöpfung und zu sich selbst sind das Endergebnis einer nicht gezügelten Vernunft bzw. die Folge des Mißbrauchs der Ratio, den die Entscheidungsfreiheit mit sich gebracht hat. Welchen Preis die Menschheit für dieses göttliche Geschenk zu zahlen hat, liegt noch in unserer Hand.

„Dieses Wissen auf den Begriff zu bringen und in einem jeden Gläubigen mit unüberbietbarer Gewißheit zu verankern, dies ist das höchste Ziel aller islamischen Theologie, und es ist ihr schon in der Offenbarung vorgezeichnet, daß ihre Anstrengungen zwar ohne die Indienstnahme des dem Menschen geschenkten Verstandes fehlgehen müssen, daß aber stets vor dem Erreichen des Zieles unnachsichtig die Opferung der Ratio verlangt werden muß“ (Nagel 1994, 29). Dieser Kritik an dem im Koran manifestierten islamischen Denkmuster muß widersprochen werden. Von einem „Opfer der Ratio“ kann keine Rede sein! Eine rationale Vorgehensweise gerade im physikalischen naturwissenschaftlichen Verständnis erfordert die Berücksichtigung der natürlichen Eigenschaften der materiellen Komponenten, mit denen man arbeitet und genau hier liegt das Geheimnis des Erfolgs. Dieses Gelingen setzt also die Berücksichtigung der „natürlichen“ Eigenschaften der einzelnen Bestandteile voraus. Der Ratio stellt sich die Frage, wer hat der Materie diese „natürlichen“ Eigenschaften verliehen? Ist das nicht Der, der Adam als dem ersten Menschen die Namen lehrte? Oder welche Ratio meint man denn?

Bei der Definition des Begriffes „Ratio“ muß man vom Maßstab des Ganzheitlichen ausgehen. Hierfür bietet uns die Natur als Gottes Werk den besten Lehrmeister. Die Grundprinzipien, wonach sowohl der Makrokosmos als auch der Mikrokosmos funktionieren, sind wenige, aber die Erscheinungsformen dieser wenigen Prinzipien sind unendlich groß. Die Vielfalt der von Gott geschaffenen materiellen und biologischen Welten irritiert den beobachtenden Menschen. Von daher gesehen liegt die Problematik der Ratiodefinition im Bereich der menschlichen Wahrnehmungsfähigkeit und deren kognitiven Verarbeitung. „Immerhin ist der Mensch in der Lage, in jeweils bestimmter Weise, wenn auch nur in begrenztem Maße, die Partikularität seiner Perspektiven zu erkennen und so zu überschreiten, die Schranken seiner eigenen Interessen zu erweitern und wenigstens partiell zu überwinden“ (Pannenberg 1983, 57 f.). Diese Partikularität menschlicher Perspektiven manifestiert die Geschöpflichkeit und die mit ihr verbundene Struktur der Endlichkeit.

In der möglichen Erweiterung der gegebenen Schranken und ihrer möglichen Überwindung wirkt sich die beschriebene Spannung zwischen der jeweiligen Moral des Menschen bzw. dem, was ihm sein Gewissen vorschreibt und den eigenen Neigungen bzw. Interessen aus. Islamische Theologie versteht sich als Orientierung in diesem Spannungsfeld. Sie zeigt Gefahren auf, die ins Verderben führen. Sicher gilt, daß die islamische Theologie heute in der westlichen Hemisphäre alles andere als einladend wirkt. Dass sie aber zu etwas fähig ist, beweisen die sieben Jahrhunderte der Mauren auf der Iberischen Halbinsel. Diese Epoche war das einzige Goldene Zeitalter der drei abrahamischen Religionen im Umgang miteinander, ein Zustand, zu dem die heutige Zeit mit ihren modernen Errungenschaften nicht imstande ist. Der Mensch wird heutzutage mehr von vordergründigen Interessen und Neigungen gesteuert als von der ihm von Gott gegebenen Vernunft und einem gesunden Menschenverstand. Ein verantwortlicher Einsatz der Ratio führt durchaus zu Erfolgen in der wissenschaftlich-technischen Beherrschung der Natur. Wo darüber jedoch das göttliche Korrektiv übersehen wird, geraten die „Errungenschaften der technischen Entwicklung“ – von Habgier gesteuert – in Widerspruch zur Ganzheit der Natur. Sie wirken sich zerstörerisch aus.

Diese Argumentation führt zur Erkenntnis, dass von der Wahrnehmung der Ganzheit von Welt und Mensch her die Theologie – einmal abgesehen von der jeweiligen Religion, deren Funktion sie ist – eine unerläßliche Disziplin der Geisteswissenschaften ist.

Die heutige technische Entwicklung der Menschheit wird der Forschung auf naturwissenschaftlichem Gebiet verdankt. Die erreichten Ziele können mißbraucht werden. Wirtschaftliche Interessen stehen im Vordergrund. Der Beweis hierfür sind die heutigen Umweltprobleme. Die Herstellung der Atombombe, die eine negative Form der Anwendung von Kernenergie aufweist, ist ein Beispiel dafür, dass solche naturwissenschaftliche Erkenntnisse eine ethische Qualität an Grundhaltungen bedingen, um dem Mißbrauch vorzubeugen. Deshalb wäre es sinnvoll, wenn der Physiker sich schon im Grundstudium mit ethischen Fragen auseinandersetzt - unabhängig davon, welcher Religion er angehört.

Jede Ausbildung ohne die Bildung der eigenen moralischen Qualitäten führt zu einer Einseitigkeit, deren Endziel alles andere als menschlich ist. Ob das machbar ist ohne die Anerkennung einer höheren, ihn umgreifenden, seinen Verstand begrenzenden und erleuchtenden Wahrheit ist äußerst fragwürdig. So gesehen stellt die Fehlentwicklung der heutigen Moderne nichts anderes als ein Symptom des mangelnden Glaubens dar (vgl. Ginaidi 2002).

## *1.8 Der Satan als die Verkörperung der menschlichen Unzulänglichkeit*

Wie man in den vorigen Kapiteln gesehen hat, ist es bezeichnend für die Didaktik des Heiligen Buches, konträre Situationen aufzuzeigen. Diese Vorgehensweise besteht darin, dass Gott das, was sein soll, anhand von vielen Beispielen dargelegt hat. Auf der anderen Seite wird das Negative, was nicht sein soll, klar und deutlich ausgewiesen. Der Satan verkörpert in seiner Handlungsart und -weise das Verbotene. Hierin ist eine klare deutliche Boje, eine Gefahrenmarkierung zu erkennen, die dem Menschen signalisiert, wovon er Abstand nehmen sollte. Tilman Nagel sieht im Satan nach koranischer Lehre einen, der ein Opfer seiner Ratio wurde, indem er Adam und Eva zum Essen von den Früchten des verbotenen Baumes verführte. „Satan also entschlug sich im entscheidenden Augenblick nicht seines Verstandes, geriet daher mit seinen Überlegungen auf Abwege und erwies sich als hochmütig gegen Gott, der ihn zur Strafe aus dem Paradies vertrieb“ (Nagel 1994, 30). Satan hat Adam und Eva dazu verleitet, gegen ein Gebot Gottes zu handeln.

Diese Eigenschaft, die Gott uns bewußt verliehen hat, nämlich die volle Entscheidungsfreiheit in dem freien Raum, den er uns zugewiesen hat, birgt selbstverständlich viele Gefahren in sich. Kein Geringerer als Gott hat uns bereits unsere eigenen Unzulänglichkeiten und unsere menschlichen Eigenschaften vor Augen geführt. „Wir haben doch den Menschen (zu einem Dasein) in Bedrängnis geschaffen“ (90, 4). Oder „6 Er sagt (großsprecherisch): ‚Ich habe (für dies und das) ein ganzes Vermögen ausgegeben.‘ 7 Meint er (denn), niemand hätte ihn gesehen? 8 Haben wir ihm nicht zwei Augen gemacht, 9 eine Zunge und zwei Lippen, 10 und ihm die beiden Wege (?) gezeigt (w. ihn die beiden Wege (?) geführt) (damit er sich für einen von ihnen entscheide?) ? 11 Er unternahm es aber nicht, den steilen Weg einzuschlagen. 12 Doch wie kannst du wissen, was der steile Weg ist? 13 (Er besteht darin) daß man einem Sklaven zur Freiheit verhilft 14 oder an einem Tag, an dem alles Hunger hat, 15 einer Waise aus der Verwandtschaft 16 oder einem notleidenden Armen (etwas) zu essen gibt 17 und (daß man) überdies (w. hierauf) zu denen gehört, die glauben und Geduld und Barmherzigkeit einander (als Vermächtnis) ans Herz legen. 18 Das sind die von der rechten Seite“ (90, 6-18). Was hier als „steiler Weg“ bezeichnet wird, ist genau der rechte Weg, den jeder Mensch nehmen sollte. Dass Er den Menschen mit den Sinnesorganen ausgestattet hat, um unterscheiden zu können, was gut und was böse ist, ist im Zitat so gemeint, dass man automatisch den Verstand als ein weiteres Unterscheidungsorgan annehmen kann.

Der Mensch, der um das Gute bemüht ist, erfährt in dieser Sure, dass dieser Weg steinig ist. Dieser Zusammenhang impliziert, dass man sich um das Gute zu bemühen hat. So kann keiner hinterher sagen, er habe es nicht gewußt. Das ist der Preis, den Gott dem Menschen für seinen Einsatz als Nachfolger abverlangt. Gott spielt hier den Kindern Adams gegenüber mit

„offenen Karten". Der Satan hat die Funktion, den Weg des Guten zu erschweren. Das bedeutet, dass der menschliche Weg zu Gott bewußt steinig ist und der Mensch, der ihn beschreiten will, sehr wohl Kämpfe mit sich selbst austragen muß.

Die islamische Glaubenslehre mit dem Koran und der Sunna ist demnach nichts anderes als die „Rechtleitung", die uns den richtigen Umgang mit dieser uns von Gott verliehenen Eigenschaft aufzeigt. Diese allein zu befolgen genügt aber nicht. Man muß außerdem zunächst in der Lage sein, sich selbst, den berühmten inneren „Schweinehund", zu besiegen. Gerade in der Diasporasituation eines Muslims hat man mehr mit sich selbst zu kämpfen, hier liegt die schwierigere Aufgabe, die den ganzen Menschen fordert, wobei die Art und Weise, wie dieser Kampf geführt wird, beinhaltet, dass das Individuum sich stets die Rechtleitung Gottes sich umso dringender in ihrer korrekten ursprünglichen Form vergegenwärtigen muß. Gerade die Muslime, die in der Diaspora leben, müssen die Ursache der Offenbarung erst recht begreifen, um freier mit den koranischen Aussagen in ihren alltäglichen Situationen umgehen zu können.

Der Mensch hat offensichtlich die Entscheidungsfreiheit, ob er den islamischen Weg der Rechtleitung einnimmt oder den Weg des Ungehorsams, den der Satan beschritten hat, einschlägt. Diese Hilfestellungen Gottes, die er dem Adam auf seinem menschlichen Weg mitgegeben hat, müssen an die Nachkommenschaft Adams weitergegeben werden bis an den Jüngsten Tag. „Und (damals) als dein Herr aus der Lende (w. aus dem Rücken) der Kinder Adams deren Nachkommenschaft nahm und sie gegen sich selber zeugen ließ! (Er sagte:) ‚Bin ich nicht euer Herr?' Sie sagten: ‚Jawohl, wir bezeugen es.' (Dies tat er) damit ihr (nicht etwa) am Tag der Auferstehung sagt: ‚Wir hatten davon keine Ahnung'" (7, 172).

Diese Garantie Gottes, dass die Kinder Adams Seine Rechtleitung wahrgenommen haben, verpflichtet die heutigen Muslime, Seine Worte, den Koran, in seiner ursprünglichen Sprache so weiterzugeben wie der Prophet ihn empfangen hat, denn ohne diese Rechtleitung wird die kognitive menschliche Fähigkeit, die Gott uns gab, mißbraucht. Das Gegenstück zu dieser Rechtleitung verkörpert der Satan, der die negativen Neigungen des Menschen verstärkt. Diese beiden Extreme müssen parallel zueinander der Nachwelt erhalten bleiben. Fehlt nämlich eines von ihnen, so entfällt das Spannungsfeld, das den größeren Dschihad in jedem Individuum fordert. Hierin ist ein Stück der Weisheit Gottes zu erkennen. In diesem Raum zwischen der Rechtleitung Gottes und dem das Böse provozierenden und verstärkenden Ansinnen Satans ist die Bewährung gefordert. So ist der Gegensatz aufgehoben in der Weisheit Gottes.

Um diese schwere Last der Versuchung dem Menschen zu erleichtern, hat Gott dem Propheten Mohammed in der medinensischen Zeit aufgezeigt, wie der Mensch damit umzugehen hat. Genau hier liegt der Sinn und Zweck der islamischen Sunna. Diese Zeit und die Art und Weise, wie der Prophet den Muslimen den Islam vorgelebt hat, ist ein Zeichen der Barmherzigkeit Gottes.

Das Leben des Propheten in der damaligen Zeit sollte für jeden Muslim als ein praktisches Vorbild fungieren. Vor allem die Art und Weise, wie der Prophet mit seinen Mitmenschen bzw. mit seinen Freunden und Feinden umging und insbesondere wie er die islamische Glaubenslehre verstanden hat, sollte als Paradigma für jeden Muslim unabhängig von Raum und Zeit dienen.

Wie das zu konkret zu verstehen und heutzutage anzuwenden ist, soll im nächsten Kapitel an einzelnen Beispielen aufgezeigt werden.

### *1.9 Der islamische Weg des Menschen zu Gott*

Dass die Urgemeinde in der medinensischen Zeit in einer Phase von Nöten entstand, hat einen von Gott gewollten Hintergrund. In den Kämpfen gegen die mekkanische Übermacht hat Gott den Muslimen ein Exempel seiner Gnade und Macht vor Augen geführt. „Und nicht ihr habt sie (d.h. die Ungläubigen, die in der Schlacht bei Badr gefallen sind) getötet, sondern Gott. Und nicht du hast jenen Wurf ausgeführt (oder: jenen (Pfeil)schuß abgegeben), sondern Gott. Und er wollte (mit alledem) seinerseits die Gläubigen etwas Gutes erleben lassen (?) (w. die Gläubigen einer guten Prüfung von sich unterziehen). Gott hört und weiß (alles)“ (8, 17).

Nicht nur im Kampf stand Gott den wenigen Muslimen bei, sondern vor allem in der sozialen Interaktion in Medina. Diese Not war das Band, das die einzelnen Mitglieder der Urgemeinde zusammenhielt. Hier muß die Frage gestellt werden, warum die höchste Macht des Universums, Gott, diese Not zugelassen hat. Je größer die Not des einzelnen ist, desto mehr kommt er seiner von Gott geschaffenen Natur näher. Von daher gesehen mußte die Grundstruktur jedes Individuums, die ihm von Gott gegeben ist, die einzelnen Beziehungen innerhalb der Gemeinschaft mitbestimmen. Nur so kann die größere Gemeinschaft, in der der Mensch lebt, mit seiner ursprünglichen Natur harmonieren. So gesehen wurde die soziale Struktur der Muslime in der medinensischen Zeit in Wahrheit von Gott geschaffen. Dieser Zusammenhang und die Frage nach der sozialen Form, in der der Mensch existieren soll, erübrigt die menschlichen Denkmodelle, ob man in einem kommunistischen, sozialistischen oder kapitalistischen System leben soll. Praktizieren die heutigen islamischen Gesellschaften die soziale Form der Urgemeinde? Diese Frage muß eindeutig aufgrund der aktuellen Problematiken, mit denen sie gegenwärtig zu kämpfen haben, mit „nein" beantwortet werden. Diese sozialen Zusammenhänge, wie Gott sie hervorgebracht hat, beinhalten einen Schatz an genialen Lösungen für die die Gesellschaft betreffenden Schwierigkeiten auf der Erde. Um den Schatz zu finden, benötigt man Unvoreingenommenheit gegenüber dem, was fremd ist sowie Demut gegenüber dem, was nicht eigen ist.

Diese Bedingungen kann es auch in den islamischen Ländern nicht geben, solange man dem fremden Phantom des sogenannten Fortschritts und der Moderne nachjagt.

Ein Beispiel für den Zusammenhang der einzelnen Gemeindemitglieder untereinander sowohl in der medinensischen Zeit als auch wie es heute sein soll, zeigt folgender Vers: „Weißt du denn nicht, daß Gott die Herrschaft über Himmel und Erde hat? Außer ihm habt ihr weder Freund noch Helfer" (2, 107).

Die Berücksichtigung des Allmächtigen im Rahmen der Interaktion einzelner untereinander oder einzelner gegenüber der Gesellschaft und umgekehrt sowie auch des einzelnen mit sich selbst ist der Garant für ein in sozialer Hinsicht gesundes Bewußtsein und die Gewährleistung für ein erfolgreiches Bekämpfen eigener schädlicher negativer Neigungen. Dies steht gegen alle Tendenzen, die den Sprengstoff eines jeglichen sozialen Beisammenseins bilden. Genau dieser Dualismus, in dem der Mensch existiert, stellt den ewigen Kampf zwischen dem Guten und dem Schlechten dar. Der Koran beinhaltet eine ganze Menge Aussagen über den Jüngsten Tag als eine Mahnung an jeden einzelnen, Gottes Weg zu befolgen. „Unter dem Eindruck der Ahnungen und Visionen der Endzeit ruft Muhammad zur Einkehr, zum rechten Handeln auf, damit die Menschen nicht ihr Heil verwirken. Dieses rechte Handeln, Folge der Hinwendung zu Gott, des Durchschlagens der dem Menschen anerschaffenen Heilsbestimmtheit, ist zunächst allein Sache des einzelnen“ (Nagel 1994, 32).

Die islamischen Riten, damit sind die fünf Säulen des Islam gemeint, sind konkrete Hilfestellungen für jeden einzelnen, den Weg zu Gott zu finden. Für den Menschen, der diesen Weg nicht nur physisch, sondern auch psychisch und geistig befolgt, gibt es im Koran folgende Verse in Sure 39: „52 Wissen sie denn nicht, daß Gott den Unterhalt reichlich zuteilt (w. (mit offener Hand) ausbreitet), wem er will, und (ihn auch wieder) begrenzt (w. abmißt)? Darin liegen doch Zeichen für Leute, die glauben. 53 Sag: Ihr meine Diener, die ihr gegen euch selber (oder: zu eurem (eigenen) Nachteil) nicht maßgehalten habt! Gebt nicht die Hoffnung auf die Barmherzigkeit Gottes auf! Gott vergibt (euch) alle (eure) Schuld. Er ist es, der barmherzig ist und bereit, zu vergeben“. Hier offenbart Gott dem Menschen seine Vorgehensweise. Der Unzulänglichkeit des Menschen und der Wirkung des Satans auf ihn begegnet er mit seiner Barmherzigkeit.

Diese beiden Verse sowie ähnliche, die Gottes Barmherzigkeit und seine Einzigkeit bezüglich seiner Vorgehensweise dem Menschen gegenüber verdeutlichen, bilden leider Gottes die Quelle des berühmt-berüchtigten islamischen „Kismet“, des Fatalismus. Gerade die Stelle im 52. Vers der oben zitierten Sure „Wissen sie denn nicht, daß Gott den Unterhalt reichlich zuteilt (w. (mit offener Hand) ausbreitet), wem er will“ verleitet manche Muslime dazu, anzunehmen, dass Gott allein ihnen alles gibt, ohne dass sie einen eigenen Beitrag dazu leisten müssen. Diese Problematik geht so weit, dass die Frage aufkommt, ob der Mensch nun einmal für seine Handlungsweise verantwortlich ist oder ob er von Gott wie ein Roboter ferngesteuert wird. Diese Frage nach der Prädestination des Menschen projiziert in sich im Grunde genommen im vorhin erwähnten Dualismus. „Kein Unglück trifft ein, weder (irgendwo) auf der Erde noch bei euch selber, ohne daß es in einer Schrift (verzeichnet) wäre, noch ehe wir es erschaffen. Dies (alles zu wissen) ist Gott ein leichtes“ (57, 22). Dieser Vers deutet auf ein „Buch der Vorherbestimmung“ hin, wie das manche Muslime annehmen. Der wahre Inhalt dieses Verses liegt darin, aufzuzeigen, dass Gott sowohl die Vergangenheit als auch die Zukunft kennt und sie vorbestimmt hat, doch trotz dieser Macht hat er dem Menschen seinen Entscheidungsfreiraum gegeben.

Der Begriff „al maktub“ , d.h. das Vorgeschriebene bzw. das, was Gott für den Menschen vorgesehen hat, wird immer bis heute noch in Situationen des Unglücks gebraucht. Das gilt für die Fälle, in denen der Mensch sein Bestes getan hat, um ein Unheil abzuwenden und er trotzdem erfolglos war. Erst dann sagt man sich, dass das, was einem zugestoßen ist, von Gott vorgesehen war bzw. „maktub“. Dieser Begriff zeigt eine Kismethaltung an. Der Sinn dieses Verses liegt im Trost, den der Mensch gerade in solchen Situationen erfährt.

„Der Muslim befürchtet Bestrafung für Untaten, wobei er um Gottes Barmherzigkeit und Bereitschaft zum Verzeihen weiß. Weil er sich bewußt ist, daß letztlich alles in Gottes Hand steht, beginnt er jede Tätigkeit in Seinem Namen - ‚bismillah!‘ -, stellt Ihm den Erfolg anheim - ‚in-scha´allah!‘ (wenn Gott will) und schreibt Ihm jeden Erfolg zu - ‚ma-scha´allah! (was Gott will/wollte). Dabei fühlt er sich in der Vorsehung Gottes, zu dem allemal seine Heimkehr ist, geborgen“ (Hofmann 1993,

85). Dieses Zitat zeigt wahrlich die richtige Haltung bezüglich dessen, was der Mensch in seinem Alltag an Aktivitäten zu verrichten hat, an. „Erst wenn ein Muslim trotz aller Bemühungen an einem Projekt gescheitert oder einem Unglück ausgesetzt ist, kommt seine ‚kismet'-Haltung zum Tragen; er wird nicht verzweifeln, sich nicht die Haare raufen oder die Kleider zerreißen, sondern erkennen und akzeptieren, daß das Geschehene ‚maktub' (festgeschrieben) war" (ebd. 85).

Die Vorsehung bildet den sechsten islamischen Glaubensartikel. Dieser ergibt sich zwangsläufig aus dem koranischen Weltbild.

„Oder haben sie (Einsicht in) das Verborgene, so daß sie (wie die Hüterengel?) (alles auf)schreiben?" (52, 41). Solche Verse, die den Begriff des Verborgenen beinhalten, z. B. auch „Hat er etwa Kenntnis vom Verborgenen, so daß er (die Wahrheit) sehen könnte?" (53, 35) zeigen, dass es eine Eigenschaft Gottes ist, Kenntnis darüber zu haben. Nun ergibt sich die Situation des Menschen im Rahmen seines von Gott ihm gegebenen Freiraums. „Dieser ewige Zwiespalt wird niemals zur Befriedigung der Logik entschieden werden können. Denn wenn der Mensch freie Entscheidung in allen seinen Handlungen hätte, würde die Allmacht Gottes dadurch leiden. Andererseits: wenn Gott vorherbestimmt - warum ist dann der Mensch für seine Taten verantwortlich?" (Hamidullah 1983, 71). Dieses Zitat beinhaltet die Konkretisierung dieser Problematik. Wenn Gott alles vorherbestimmt, warum muss dann der Mensch für seine Taten Rechenschaft ablegen? „Der Prophet hat seinen Genossen sehr eindringlich empfohlen, sich nicht mit Diskussionen über diesen Gegenstand zu beschäftigen..." (ebd. 71). Diese Warnung ist insofern wichtig, weil der Prophet hierin eine Versuchung des Menschen gesehen hat, sich seiner Verantwortung zu entledigen. Diese Aufgabe ist jedem Menschen von Gott auferlegt. „39 Und daß dem Menschen (dereinst) nichts anderes zuteil wird als das, wonach er (in seinem Erdenleben) strebt, 40 und daß sein Streben (deutlich) sichtbar werden wird, 41 und (daß) ihm schließlich (w. hierauf) voll dafür vergolten wird?“ (53, 39-41).

Hier ist exakt manifestiert, welche Aufgabe dem Menschen in seinem Geltungsbereich während seines Erdenlebens von Gott auferlegt worden ist. Alle anderen Versuche sind, wie oben erwähnt, nichts anderes als ein menschliches Unterfangen, sich dieser Aufgabe zu entziehen. Trotz dieses göttlichen Auftrags an den Menschen hat es in der Geschichte der islamischen Theologie Phasen gegeben, in denen der Mensch sich dieser geistigen Auseinandersetzung ohne Rücksicht auf das prophetische Verbot gewidmet hat.

Es bildete sich die Gruppe der Dschabriten, die die göttliche Allmacht betonte. Als zweite Gruppierung entstanden die Qadariten, d.h. Anhänger der These des freien Willens und Verantwortlichkeit des Menschen, dessen Vertreter Hasan al-Basri (gest. 728) ist. Beide Gruppen konnten sich auf den Koran beziehen. Al-Basri war mehr ein Erweckungsprediger denn ein Theologe, der die Menschen zu Buße und Selbsterziehung aufrief. Er wirkte in seiner Heimatstadt Basra, daher der Name al-Basri. Er und seine Anhänger prägten eine mystische Bewegung, die im 7. Jahrhundert einen großen Einfluß in den islamischen Zentren des omaiyadischen Reiches wie Damaskus, Kufa und Medina ausübte. Damals diskutierten fromme, asketisch lebende Mitglieder der Gemeinde dogmatische, juristische und mystische Probleme. Aus diesen geistigen Aktivitäten gingen die Murdschiiten hervor, die Gott alles anheim gestellt haben, d.h. die Verurteilung eines Sündigen sollte Gott allein überlassen werden. Zu ihnen gehört auch Abu Hanifa (gest. 767), der Begründer der hanifitischen Rechtsschule. Genauer betrachtet beinhaltet die oben erwähnte murdschiitische Haltung folgendes: Jeder Gläubige, solange er sich zur islamischen Religion bekennt und nach ihr handelt, wird trotz etwaiger Übertretungen des göttlichen Gesetzes schließlich des Paradieses, also etwaiger Glückseligkeit, teilhaftig. Große Sünden werden dadurch abgegolten, indem der Sünder für eine gewisse Zeit in der Hölle verweilt und durch die Fürsprache des Propheten bei Gott aus ihr erlöst wird. Dass diese Grundhaltung einer etwas lockeren Moralität Vorschub leistet, liegt klar auf der Hand. Diese Entwicklung hat Hasan al-Basri jedoch keinesfalls beabsichtigt (vgl. Ende/Steinbach 1991, 58).

In der neueren Zeit hat sich mehr die Ansicht durchgesetzt, dass der Mensch seinen freien Willen hat ungeachtet der Allmacht Gottes. Allerdings bewegt sich dieser Freiraum in einem Rahmen, der ihm von Gott abgesteckt worden ist. Nach Abu Zahra (gest. 1974), einem Gelehrten der Al-Azhar-Universität, verleiht Gott dem Menschen die Kraft zum Handeln, mit deren Hilfe er seine Vorstellungen in die Tat umsetzen kann, wobei der Mensch mit dem Ergebnis seiner Taten aus Gottes Herrschaft nicht heraustreten kann. Ob das Gesamtgeschehen, sei es gut oder schlecht, von Nutzen oder Schaden ist, bestimmt allein der Wille Gottes. Daraus folgt auch, dass es keine Unterscheidung zwischen Erhalt und Niedergang, zwischen Leben und Tod nach menschlichem Maßstab gibt, denn Gott ist von der Schöpfung in seiner Entscheidungsfreiheit vollkommen unabhängig (vgl. Khoury 1987, 857).

In der islamischen Welt hält man sich nicht an den aktuellsten theologischen Stand dieser Diskussion. Wie der einzelne dieses Problem mit sich persönlich ausmacht, ist seine ureigene Angelegenheit. Das muß er mit sich selbst vor Gott verantworten. Aus eigener Erfahrung in Gesprächen mit manchen Muslimen war zu merken, dass sie sich als Werkzeuge Gottes ansehen. Bis dahin gibt es keine Probleme. Aber dass diese ihren Lebensunterhalt Gott allein überlassen nach dem Motto: Gott macht das schon - und das gerade in der Diasporasituation - ist äußerst unverständlich und beinahe empörend.

Nach dieser umfangreichen Beschreibung der Interaktion zwischen Gott und dem Menschen allgemein und wie der Mensch mit sich und mit Gott umzugehen hat, hat er sich als ein Zeichen seiner Barmherzigkeit uns Menschen in der Geschichte geoffenbart. Einer der ersten, die von ihm auserwählt worden sind, ist Abraham. In der 2. Sure, Vers 124, heißt es: „124 Und (damals) als Abraham von seinem Herrn mit Worten auf die Probe gestellt wurde! Und er (d.h. Gott?) erfüllte sie. Er sagte: 'Ich will dich zu einem Vorbild für die Menschen machen.' Abraham (w. Er) sagte: '(Bezieh in deine Verheißung) auch Leute von meiner Nachkommenschaft (ein)!' Gott (w. Er) sagte: '(Aber) auf die Frevler erstreckt sich mein Bund nicht.'“. Dieser Dialog zwischen Gott und Abraham ist ein exemplarisches Beispiel für die Art und Weise, wie Gott seine Gesandten auserwählte.

Als nächster Botschafter gilt aus islamischer Sicht, abgesehen von den alttestamentlichen Propheten, Moses. In der 2. Sure, 51-53 steht: „51 Und (damals) als wir uns mit Mose (am Sinai) auf vierzig Tage verabredeten! Und dann, nachdem er weggegangen war, nahmet ihr euch in frevelhafter Weise das Kalb (zum Gegenstand eurer Anbetung). 52 Hierauf, nachdem dies geschehen war, rechneten wir es euch nicht an. Vielleicht würdet ihr dankbar sein. 53 Und (damals) als wir dem Mose die Schrift und die Rettung (?) gaben, damit ihr euch vielleicht rechtleiten lassen würdet!“. Die gesamte Geschichte Israels mit der jüdischen Glaubenslehre ist koranisch manifestiert und damit sind sowohl die Juden als auch die Christen Gläubige. Folgender Vers 87 der 2. Sure soll dies verdeutlichen. „87 Wir haben doch (seinerzeit) dem Mose die Schrift gegeben und nach ihm die (weiteren) Gesandten folgen lassen. Und wir haben Jesus, dem Sohn der Maria, die klaren Beweise gegeben und ihn mit dem heiligen Geist gestärkt. Aber waret ihr (Juden) denn nicht jedesmal, wenn ein Gesandter euch etwas überbrachte, was nicht nach eurem Sinn war, hochmütig und erklärtet ihn für lügnerisch oder brachtet ihn um?"

Nun wird speziell auf den eigentlichen Inhalt dieses Buches eingegangen, nämlich die Person Jesus aus islamischer Sicht. Um die Zusammenhänge im folgenden Kapitel begreiflicher zu machen, muß ich auf die Struktur der Namengebung eingehen. Der Name verrät bereits die Abstammung seines Trägers. Im allgemeinen nimmt man den Vornamen gefolgt vom Vornamen des Vaters, des Großvaters, des Urgroßvaters usw. So gesehen kann jeder anhand seiner Namenskette die Reihenfolge der Väter historisch erkennen.

Ein Beispiel hierfür soll einen solchen Sachverhalt verdeutlichen: Ali ben Mohammed ben Ibrahim ben Hafez ben ... beinhaltet, daß Ali der Sohn Mohammeds ist und dieser ist wiederum der Sohn Ibrahims, welcher der Sohn von Hafez ist. Im allgemeinen gebraucht man heutzutage die Bezeichnung „ben", was so viel bedeutet wie „Sohn des" immer seltener. In manchen Fällen stellt der letzte Name in der Namenskette den Namen des Sippenbegründers dar.

Die Väter bilden also, wie man sieht, die Namenskette sowohl bei Männern als auch bei Frauen. Will man absichtlich jemanden beleidigen, so ruft man ihn mit seinem Vornamen gefolgt vom Vornamen seiner Mutter. Dies impliziert, dass der Vater des Gerufenen unbekannt sei, d.h. dass er keine ehrenhafte Abstammung habe oder die möglichen Erzeuger sind so viele gewesen, so dass die Mutter nicht mehr wusste, von wem er gezeugt wurde.

Bei diesen Zusammenhängen der Namengebung gibt es einen sehr berühmten und sehr ehrenhaften Namen, der hier völlig aus dem oben gemeinten Zusammenhang herausfällt. Dieser Name ist Jesus, der Sohn Marias, „Ibn-Maryam“. Der Zimmermann Josef, der Mann Marias, wird von der gesamten islamischen Theologie nicht zur Kenntnis genommen und bleibt bewusst unbekannt, um die Möglichkeit einer menschlichen Zeugung Jesu von vorn herein auszuschließen.

Der Autor dieses Buches hat ihn zum ersten Mal in seinem Leben erst in Deutschland durch das Studieren der christlichen Theologie kennengelernt. Es gibt Christen, die an das Geheimnis der Entstehung Christi nicht glauben. Dieses Phänomen kennt man in der islamischen Welt nicht.

## 2. *Die Abstammung Marias, die Mutter Jesu*

Zur Abstammung Jesu muß man nach dem Islam die Abstammung seiner Mutter untersuchen, da Jesus nach den koranischen Aussagen durch Gottes Wort geboren worden ist. Jesus wird immer wieder im Koran als der Sohn der Maria bezeichnet in Analogie zur Vaterbezeichnung, die im gesamten islamischen Raum bis heute noch üblich ist.

Die Mutter Marias war eine alte Frau laut dem koranischen Kommentar von Ismael Ben Kuthair, Band 1, S. 359, die keine Kinder mehr bekommen konnte, und sie wünschte sich von ganzem Herzen ein Kind. Sie versprach Gott, wenn sie ein Kind bekäme, dass es Gott vermacht würde. Dieses Beispiel sollte nicht primär eine Aussage über die Umstände der Geburt Marias sein, sondern die Macht Gottes und sein Umgang mit den Menschen demonstrieren.

Die 3. Sure des Koran lautet: Ala Imran (Die Sippe Imrans). Im Vers 33 dieser Sure heißt es: „Gott hat Adam und Noah und die Sippe Abrahams und die Sippe Imrans vor den Menschen in aller Welt auserwählt,“. Weitere Verse derselben Sure unterstreichen die theologische Wichtigkeit von Marias Eltern bzw. ihre Abstammung für das islamische Verständnis.

Hierin liegt nicht nur eine historische Information an die Muslime, sondern vielmehr ist es ein Beispiel für die Vorgehensweise Gottes mit den von ihm auserwählten Menschen. In der 3. Sure steht weiterhin: „ 35 (Damals) als die Frau 'Imrans sagte: 'Herr! Ich habe dir gelobt, was (als Frucht) in meinem Leib ist. Es soll (dir und deinem Dienst) geweiht sein. Nimm es von mir an! Du bist der, der (alles) hört und weiß.' 36 Als sie sie (d.h. ein Mädchen, die spätere Mutter Jesu) dann zur Welt gebracht hatte (statt des von ihr erhofften Sohnes?), sagte sie: 'Herr! Was ich zur Welt gebracht habe, ist ein weibliches Wesen - dabei wußte Gott (selber) sehr wohl, was sie zur Welt gebracht hatte, - und männlich und weiblich ist zweierlei. Und ich habe sie Maria genannt. Und ich möchte, daß sie und ihre Nachkommen bei dir Zuflucht (und Schutz) finden vor dem gesteinigten (oder: verfluchten) Satan.' 37 Da nahm ihr Herr sie (d.h. das neugeborene Mädchen) gnädig an und ließ sie auf schöne Weise heranwachsen. Und er ließ Zacharias sie betreuen. Sooft Zacharias (nun) zu ihr in den Tempel kam, fand er Unterhalt bei ihr (ohne daß ihn jemand herbeigeschafft hätte). Er sagte: 'Maria! Woher hast du das?' Sie sagte: 'Es kommt von Gott. Gott beschert (Unterhalt), wem er will, ohne abzurechnen.'"

Wen Gott auserwählt hat, der gehört zu den Glücklichen dieser Welt. Gott nahm sich laut Vers 37 der Frau Imrans bzw. der Mutter Marias unmittelbar nach der Geburt des Kindes an. Er sorgte sogar in dieser kritischen Phase für die Nahrung (Unterhalt) der Mutter. Diese koranische Erwähnung zeigt den Muslimen, wie wichtig Jesus für Gott ist. Er beachtete in seiner Handlungsweise nicht nur die Person Jesus, sondern die Beachtung setzte bereits bei seinen „Großeltern" ein.

Außerdem heißt es in Sure 66, 12: „Und (ein weiteres Beispiel für die Gläubigen hat Gott aufgestellt) in Maria, der Tochter Imrans, die sich keusch hielt (w. die ihre Scham schützte), worauf wir ihr (w. in sie, d.h. in ihre Scham) Geist von uns einbliesen. Und sie glaubte an die Worte ihres Herrn und an seine Schriften und gehörte zu denen, die (Gott) demütig ergeben sind". In den beiden eben zitierten Versen wird Maria als die Tochter Imrans bezeichnet. Die Ähnlichkeit dieses Namens mit dem hebräischen Namen Amram wirft hier eine historische Problematik auf. Darauf möchte ich im folgenden eingehen.

## *2.1 Die Problematik in der Herkunft Marias*

Nach den oben genannten Zitaten ist Maria, die Mutter Jesu, die Tochter Imrans. An einer weiteren Koranstelle, nämlich der Sure 19, Vers 28, wird sie mit der Schwester Aarons bezeichnet. „Schwester Aarons! Dein Vater war doch kein schlechter Kerl (w. Mann) und deine Mutter keine Hure".
In 4. Mose 26, 59, heißt es: „Und Amrams Weib hieß Jochebed, eine Tochter Levis, die ihm geboren ward in Ägypten; und sie gebar dem Amram Aaron und Mose und ihre Schwester Mirjam".

Der Leser muß hier annehmen, daß an dieser Stelle eine Verwechslung zwischen der Maria (arabisch Maryam) mit der alttestamentlichen Mirjam vorliegt. Zwischen den beiden Persönlichkeiten liegen aber mehrere Jahrhunderte. Wie ist das aus islamischer Sicht zu erklären?

In der islamischen Kommentierung dieses Verses heißt es dazu: „Aaron, Moses´ Bruder, war der erste in der Linie des israelischen Priestertums. Maria und ihre Kusine Elisabeth (die Mutter Ayhyas) stammten aus der priesterlichen Familie und wurden deswegen als ‚Schwestern Aarons' oder ‚Töchter Imrans' (Aarons Vater) bezeichnet. Vergleiche auch Sure 3:35. Maria wurde an ihre edle Abstammung und an die beispiellose Tugendhaftigkeit ihres Vaters und ihrer Mutter erinnert. Wie tief war sie gefallen, sagte man, und wie sehr hat sie die Namen ihrer Vorfahren entehrt!" (Die Bedeutung des Korans Bd. 3, München 1996, S.1383).

„Ucht" bedeutet nicht unbedingt Schwester, sondern als Femininform von „ach" (wörtlich: „Bruder", „Gefährte") auch „Gefährtin". Maria gehörte zum Stamm Levi, der für seine Gottesfurcht und Tugend geachtet war.

Im alten semitischen Sprachgebrauch war der Name einer Person oft mit dem eines bekannten Vorfahren oder Begründers eines Stammes verbunden. Ein Mann aus dem Stamm Ali wurde dementsprechend als „der Sohn Alis" angesprochen oder auch als „Bruder Alis". Da Maria aus der Priesterfamilie und damit von Aaron abstammte, wurde sie „Schwester Aarons" genannt (vgl. ebd.).

Aus Vers 28 der 19. Sure und Vers 33 der 3. Sure kommt man im islamischen Kommentar zu folgenden Schlussfolgerungen:

a) Gott hat Adam, Noah, die Sippe Abrahams und die Sippe Imrans in diesen Versen extra erwähnt als Beispiele für Gottesfürchtigkeit und Religiosität, denen alle Menschen nacheifern sollen.

b) Die Erwähnung dieser Namen gilt für den Gläubigen als Lob und Preis für sie.

c) Daraus darf man auf keinen Fall Rückschlüsse im verwandtschaftlichen oder historischen Sinne ziehen. (Korankommentar von Ismael Ben Kuthair, Hrsg.: Die Al-Azhar-Jugend, Kairo 1980, Band 1, S. 358) (in arabischer Sprache)

## *2.2 Die koranischen Aussagen über die Stellung Marias*

Maria, die Mutter Jesu, hat im Islam eine Sonderstellung inne, denn sie wurde von Gott ausdrücklich vor den anderen Frauen dieser Welt auserwählt, um das Höchste, was jemals ein Mensch von Gott erhalten hat, nämlich sein Wort in Menschengestalt zu empfangen. Die Vorbereitung

Marias durch Gott auf ihre zukünftige Aufgabe ist aus den in diesem Kapitel erwähnten Koranzitaten ersichtlich.

Gott berichtet im Koran, wie seine Engel seinen Befehl der Maria überbrachten. Sie wurde von allen Frauen dazu auserwählt, die Mutter Jesu zu sein. Siehe dazu Sure 3, Vers 42:

„Und (damals) als die Engel sagten: ‚Maria! Gott hat dich auserwählt und rein gemacht! Er hat dich vor den Frauen der Menschen in aller Welt auserwählt". Diese einzigartige Offenbarung Gottes, die in Menschenform der Menschheit übermittelt wurde, ist Gott aus islamischer Sicht so wichtig, dass er den Weg bereits über seine Engel für deren Empfang vorbereitete. Die islamische Theologie interpretiert diesen Vers wie folgt: „Das Wort ‚auserwählt' wird in diesem Vers aus gutem Grund zweimal verwendet. Es bezieht sich zum einen auf Marias wundersame Kindheit, denn ganz entgegen dem herrschenden Brauch wurde sie zum Dienst im Tempel ausersehen, von Gott auf ungewöhnliche Weise mit Nahrung versorgt und blieb von jeglichen körperlichen oder sittlichen Mängeln verschont. Zum zweiten wurde Maria auserwählt, indem ihr die Geburt eines Kindes zuteil wurde, ohne dass ein Mann ihr beigewohnt hatte. Siehe auch Neues Testament, Lukas 1:28: ‚Und der Engel kam zu ihr hinein und sprach: Gegrüßet seist du, Holdselige! Der HERR ist mit dir, du Gebenedeite unter den Weibern!" (Die Bedeutung des Korans Bd. 1, München 1996, 157)

Die Erwartung Gottes von Maria ist in Vers 43 derselben Sure artikuliert. „Maria! Sei deinem Herrn demütig ergeben, wirf dich (vor ihm) nieder und nimm (beim Gottesdienst) an der Verneigung teil!" Trotz aller Vorzüge, die Gott Maria zukommen läßt, bleibt sie ein gewöhnlicher Mensch. Im koranischen Kommentar heißt es hierzu: „Trotz all ihrer herrlichen Gottesgaben ist Maria nichts weiter als eine Sterbliche und hat keinerlei Teilhaberschaft an der Göttlichkeit. Wie alle hingebungsvollen Gottesdiener, wird sie ganz besonders dazu ermahnt zu beten. Dabei werden die einzelnen Riten des Gebets genau angeführt, um damit ihre strikte Einhaltung besonders zu betonen. Maria ist weder eine Göttin noch eine Halbgöttin und schon gar nicht die Mutter Gottes“ (Die Bedeutung des Korans Bd. 1, München 1996, 157).

An dieser Stelle muß erwähnt werden, dass die Auserwählung durch Gott dem Auserwählten keine besonderen Rechte verleiht, weil dieser Auserkorene vor seiner Wahl dazu bestimmt war, ein Mensch zu sein. Hierin liegt eine Ermahnung an alle Imame, Kleriker und Amtsinhaber innerhalb einer religiösen Institution, aus ihrer religiösen Aufgabe nicht irgendwelche persönliche Vorteile zu ziehen. Im Gegenteil, sie haben die Aufgabe, durch ihre Verpflichtung bzw. ihre Erwählung durch die Gemeinde, mit bestem Beispiel voranzugehen. Wir sind alle die Kreaturen Gottes und glücklich ist der, welcher sich als sein Werkzeug bezeichnen darf.

Hier ist zu betonen, dass das gesamte 19. Kapitel des Heiligen Korans den Namen Marias trägt. Da wird sie im Zusammenhang mit der Geburt Jesu erwähnt, außerdem wird ihr Name immer wieder im Zusammenhang mit der Benennung Jesu gebracht. Er heißt nämlich meistens „der Sohn der Maria“, weil er keinen menschlichen Vater hat. Diese Beachtung Marias in der islamischen Theologie als die Mutter Jesu hat mit der allgemeinen islamischen Grundhaltung zur Frau als Mutter im Islam zu tun. Die Mutter ist dem Kind nach der islamischen Glaubenslehre heilig. Es wird in der islamischen Welt im allgemeinen gesagt, dass der Schlüssel zum Paradies unter den Füßen der Mütter liege.

## 2.3 *Das Bild Marias aus der islamischen Sunna*

Um das Bild Marias aus islamischer Sicht zu vervollständigen, muß man auf ihre Darstellung innerhalb der islamischen Sunna eingehen. Unter Sunna versteht der Muslim die Umsetzung der koranischen Inhalte in das alltägliche Geschehen. In der medinensischen Zeit hat der Prophet Mohammed ab dem Jahr 622, also nach der Auswanderung von Mekka nach Medina, die koranischen Inhalte in die Tat umgesetzt. Viele Verse des Koran, deren Inhalt von geistiger Natur ist, hat er durch Hadithe (Gespräche) mit seinen Freunden und Angehörigen bzw. seinen Anhängern besprochen.

„Die zweite Hauptquelle des Islams ist die Sunna, der vorbildliche Weg des Propheten Muhammad, dessen Hauptaufgabe darin bestand, die göttliche Offenbarung zu verkünden und sie authentisch zu interpretieren. Der Koran bezeichnet Muhammad als Vorbild und Beispiel für die Gläubigen“ (Lexikon des Islam, S. 612 Herder Verlag ). Eine Bestätigung für diese Aussage ist in Sure 33, 21 zu finden: „Im Gesandten Gottes habt ihr doch ein schönes Beispiel - (alle haben in ihm ein schönes Beispiel), die auf Gott hoffen und sich auf den jüngsten Tag gefaßt machen und Gottes ohne Unterlaß (w. viel) gedenken“. Die Rolle des Propheten für die Muslime und die Manifestierung der Sunna in der islamischen Theologie ist zudem in Sure 7, 157 artikuliert: „(denen) die dem Gesandten, dem heidnischen Propheten, folgen, den sie bei sich in der Thora und im Evangelium verzeichnet finden, und der ihnen gebietet, was recht ist, verbietet, was verwerflich ist, die guten Dinge für erlaubt und die schlechten für verboten erklärt und ihre drückende Verpflichtung und die Fesseln, die auf ihnen lagen, abnimmt. Denen nun, die an ihn glauben, ihm Hilfe und Beistand leisten und dem Licht folgen, das mit ihm herabgesandt worden ist, wird es wohl ergehen“. An dieser Stelle muß ich als ein Muslim, der die arabische

Sprache beherrscht, erwähnen, dass im Originalkoran nicht „heidnische Propheten" steht, sondern „ummi", d.h. ein Prophet, der des Lesens und Schreibens nicht mächtig ist.

„Die Art und Weise, wie Muhammad inmitten seiner Gemeinde lebte und seine Pflichten als vorbildlicher Muslim erfüllte, wie er die Gläubigen auf den Wegen Gottes führte und die erforderlichen Regeln festlegte - all das verdeutlicht seinen Weg (Sunna) und findet sich in den Berichten und Erzählungen (Hadith) verschiedener Gewährsleute" (Lexikon des Islam, S. 612, Herder Verlag ).

Die berühmteste Sammlung dieser Hadithe ist die von Buchari. Im folgenden Hadith findet man Hinweise auf Maria bzw. einen Vergleich mit Aischa, einer der Frauen des Propheten. „3411.... Abu Musa, Allahs Wohlgefallen auf ihm, berichtete, daß der Gesandte Allahs, Allahs Segen und Friede auf ihm, sagte: ‚Unter den Männern gibt es viele, die vollkommen waren; und unter den Frauen waren nur Asiya, die Frau des Pharao und Maryam (Maria), Tochter des 'Imran, vollkommen. Was aber die Vorzüglichkeit von Aischa angeht, so ist diese wie die Vorzüglichkeit eines Fleischgerichts über alle anderen Speisearten' [BU:785].

Zum besseren Verständnis solcher Quellen muß man wissen, dass die erste Zahl innerhalb des Hadith, in diesem Beispiel wäre es die Zahl 3411, die Hadithnummer in der Sunna darstellt. „BU" am Ende des Hadith meint den Buchari und die Zahl 785 ist die Nummer dieses Hadith nach seiner Kodifizierung. Jeder Hadith beinhaltet prinzipiell zunächst die Überlieferungskette, wer über wen den Propheten hören sagte...usw. Der nächste Hadith zeigt klar und eindeutig, welche Stellung Maria in der Sunna und damit für alle Muslime in der nachprophetischen Zeit für eine Bedeutung hat. „3431.... Abu Huraira, Allahs Wohlgefallen auf ihm, berichtete, daß er den Gesandten Allahs, Allahs Segen und Friede auf ihm, folgendes sagen hörte: ‚Es gibt unter den Menschen keinen Neugeborenen, der nicht bei seiner Geburt von Satan berührt wird, und er auf Grund der Berührung durch Satan zu schreien beginnt. Nur Maryam (Maria) und ihr Sohn (Jesus) sind die Ausnahme davon.' Abu Huraira erwähnte darauf >...und siehe, ich möchte, daß sie und ihre Nachkommen bei Dir Zuflucht nehmen vor dem verfluchten Satan.< (Qur'an 3:36)." [BU:787]

Die theologische Bedeutung Marias für die Muslime, wobei sie hier nicht von ihrem Sohn getrennt werden kann, wird im folgenden Zitat deutlich: „3435.... 'Ubada, Allahs Wohlgefallen auf ihm, berichtete, daß der Prophet, Allahs Segen und Friede auf ihm, sagte: ‚Wer bezeugt, daß kein Gott da ist außer Allah, Der keinen Partner hat, und daß Muhammad Sein Diener und Gesandter ist, und daß 'IEsa (Jesus) der Diener Allahs und Sein Gesandter und Sein Wort ist, das Er Maryam (Maria) entboten hat und von Seinem Geist, und (bezeugt), daß das Paradies wahr ist und das Höllenfeuer wahr ist, den läßt Allah ins Paradies eingehen um dessentwillen, was er (im Diesseits) getan hat." [BU:788]

Diese wenigen Zitate sollen exemplarische Darstellungen sein für die Wichtigkeit Marias als Empfängerin von Gottes Wort. Die Hervorhebung Marias als Frau in der islamischen Theologie und das am Anfang des 7. Jahrhunderts in einer Zeit der absoluten Männerherrschaft, in der der Mann die Rolle des Schwertträgers, des Ehrenverteidigers und im Prinzip alles Wichtige darstellte, wirkte wie ein Keulenschlag auf den Kopf der Männlichkeit der Araber dieser Zeit. Die Frau allgemein war damals mehr oder weniger ein „notwendiges Übel". Sie war für die primitiven Zeltarbeiten und für die Produktion von Kindern brauchbar.

Das soziale Umfeld der Araber, aus dem die Rolle von Mann und Frau abgeleitet wird, sah in dieser Zeit wie folgt aus: Man lebte in Sippenform. Jede Sippe bestand aus mehreren hundert Menschen und die Lebensgrundlage waren die Tiere, vor allem Kamele, Ziegen und Schafe. Das größte Problem war die Nahrungssuche für die Tiere. Die Weidegebiete bzw. Wasserstellen waren abhängig von den Stellen, wo der Regen niederkam. So gesehen bekriegte man sich laufend im Kampf um Weideplätze und Wasserstellen für die Tiere. Man war also entweder unterwegs als Nomade oder im Kriegszustand mit anderen Sippen. Die stärkste Sippe war die, welche die meisten Kämpfer hatte. Das bedeutete für die Frauen, möglichst viele Söhne zu produzieren und das neben der Arbeit für Mann, Tier und Zelt. Diese Situation veranlasste die meisten Frauen, ihre Männer zu bitten, weitere Frauen zu heiraten, damit sie zumindest einmal Hilfe bei ihrer Arbeit erhalten konnten. Wenn eine Sippe einen Krieg verloren hatte, wurden ihre Männer umgebracht oder verjagt und ihre Frauen gelangten in die Sklaverei der Siegersippe. Dieses Umfeld führte zu der vorhin beschriebenen sozialen Rolle von Mann und Frau.

Genau hier kam die Verehrung einer Frau und vor allem einer Muter, die Mutter Jesu und das wirkte wie eine geistige Revolution. So ist die Situation der Frau heute in der islamischen Glaubenslehre der des Mannes absolut ebenbürtig. Sieht man von dem, was von den meisten Muslimen in der Diasporasituation für islamisch gehalten wird ab, so fängt die Gleichheit von Mann und Frau schon bereits bei der Ursünde an. Hier hat nicht Eva den Adam verführt, vom Baum der Erkenntnis zu essen, sondern der Satan war es, der beide verführt hat.

## *3. Die koranischen Aussagen über Jesus*

Die Person Jesus ist von großer Bedeutung für den Islam. Jesus ist für den Muslim nicht nur ein Gesandter Gottes, der eine Religion stiftete, sondern er stellt vielmehr einen Beweis der Macht Gottes dar. Aus diesen Gründen beinhaltet der Koran eine Menge Aussagen über diese wichtige Persönlichkeit.

In diesem Kapitel möchte ich wie folgt vorgehen:

1. Die Prophezeiung Jesu
2. Die Geburt Jesu
3. Das Leben und Wirken Jesu
4. Das „Ableben" Jesu

### *3.1 Die Prophezeiung Jesu*

In Sure 3, 45, in der Jesus der Maria durch die Engel verkündet wird, liegt eine historisch-abrahamische Bestätigung dafür, dass Jesus das Wort Gottes ist, das Gott in den Schoß Marias legte, d.h. dass Jesus in der Tat nach der jüngsten abrahamischen Religion der „Logos" Gottes ist.

Der wichtigste Satz in diesem Vers ist „Gott verkündet dir ein Wort von sich." In diesem Begriff „Wort" steckt das gesamte Auslegungsdilemma der Mißverständnisse zwischen den morgen- und abendländischen Interpretationen. Während das Abendland den Begriff „Wort" = Logos laut griechischer Philosophie auffaßt und damit Jesus einen „Teil" Gottes werden läßt, sieht der Muslim in dem Begriff „Wort" nichts anderes als das ausgesprochene Wort Gottes und damit wird das, was Maria prophezeit worden ist, aufgrund des Ergehens dieses Wortes in dem Sinne zur Wahrheit: Es soll und es wird (vgl. Der Korankommentar von Ismael Ben Kuthair, Hrsg: Die Al-Azhar-Jugend, Kairo 1980, Band 1, S. 363).

Um dem Begriff „Logos“ im christlichen Verständnis auf den Grund zu kommen, muß ich feststellen, dass er im altgriechisch-philosophischen Sinne deckungsgleich ist mit dem, was koranisch manifestiert ist. Aber die johanneische Definition dieses Begriffes im Sinne von Gottessohnschaft Jesu ist natürlich streng abzulehnen. Die heutige Mentalität der Menschen in den Lokalitäten, in denen Jesus wirkte, ist historisch fast unverändert geblieben. Jeder mächtige Erwachsene ist gegenüber einem jeden Jugendlichen, der Hilfe braucht, eine Vaterfigur ohne dass eine konkrete verwandtschaftliche Beziehung besteht. Bis heute noch sprechen junge Menschen vor allem in den ländlichen Gebieten die älteren Menschen mit „Vater“ oder „Mutter“ an je nach Geschlecht ohne dass man sich überhaupt näher kennt. Diese Ansprache aus dem Munde eines Jugendlichen beinhaltet einen psychologischen Zwang für die oder den Erwachsenen, tatsächlich helfend einzugreifen. Der junge Mensch will hiermit dem Erwachsenen vermitteln, er könne tatsächlich ein Elternteil sein und dies beinhaltet nicht nur die Annahme des Älteren, sondern vor allem viel mehr seinen Respekt vor ihm. Johannes hat die Bezeichnung Gottes aus Jesu Munde wortwörtlich genommen und das auf die Beziehung zu Gott angewandt. Für das islamische Verständnis wäre dies eine Herabsetzung Gottes auf die Ebene der Kreatur Mensch, was weder im Sinne Christi noch im Sinne Gottes wäre.

Diese Vorgehensweise stellt eine große Problematik innerhalb der Kunst der Auslegung der Heiligen Schriften allgemein dar. Man ist bemüht, aus Furcht davor, Fehler zu machen, die Inhalte wörtlich zu verstehen. Es werden dabei aber die Umstände bzw. die Mentalität der Sprechenden übersehen. Wie später geschildert wird, stellte Jesus die Annahme der Menschheit durch Gott dar, deshalb erlaubte er es sich, von Gott als vom Vater zu sprechen.

R. Paret schreibt in seinem Korankommentar über den Begriff „Wort“ in diesem Vers in Anlehnung an Th. O'Shaugnessy in seinem Werk “The Koranic Concept of the Word of God = Biblica et Orientalia 11”, Rom 1948, S. 55, folgendes: “Th. O'Shaugnessy ist allerdings der Ansicht, daß der Ausdruck ‚kalima’, soweit er im Koran auf Jesus angewandt wird, nichts mit der hellenistisch-christlichen Logos-Vorstellung gemein hat. Er erklärt ihn vielmehr - wohl zu einseitig - damit, daß Jesus durch das göttliche Schöpferwort in die Existenz gerufen worden ist: ‚Jesus, then, is rightly called a <word>, that is, a creative command or, more explicitly, a <thing decreed> by a creative command“. (Der Koran. Kommentar u. Konkordanz von Rudi Paret, Stuttgart 1980, S. 66).

In Sure 3, 45 heißt es: „(Damals) als die Engel sagten: 'Maria! Gott verkündet dir ein Wort von sich, dessen Name Jesus Christus, der Sohn der Maria, ist! Er wird im Diesseits und im Jenseits angesehen sein, einer von denen, die (Gott) nahestehen“. Dieser Tatbestand ist für die Muslime absolut akzeptabel und sie haben damit gar keine Probleme. Wer eine Galaxie wie die unsrige, die Milchstraße, mit 150 Milliarden Sonnen und die dazugehörigen Planeten erschafft, für den ist ein solcher Schöpfungsakt ein Leichtes.

In der islamischen Literatur heißt es zum oben genannten Vers sinngemäß weiter: „Dies ist eine Prophezeiung, die durch die Engel der Maria, auf sie soll der Frieden sein, übermittelt wurde. Sie wird einen großartigen Knaben zur Welt bringen, dessen Name der Messias Jesus, der Sohn der Maria, sein wird. Er wird auf Erden sehr berühmt werden unter den Gläubigen.

Der Begriff ‚Messias' (arab. Wanderer oder Streichler) wurde Jesus verliehen, weil er sehr viel wandern wird, um die Menschen zum rechten Weg zu leiten, Streichler, weil er durch sein Streicheln die Menschen von ihren Krankheiten befreien wird. Dies alles geschieht nur durch die Erlaubnis Gottes" (Der Korankommentar von Ismael Ben Kuthair, Hrsg.: Die Al-Azhar-Jugend, Kairo 1980, Band 1, S. 363).

Interessant ist die offizielle islamische theologische Meinung über diesen Vers. „Wort oder Entscheid, Befehl. Die Geburt Jesu war ein sichtbarer Beweis der unendlichen göttlichen Allmacht, denn einzig durch das Aussprechen des Wortes ‚Sei' vermochte Maria zu empfangen, ohne dass dazu ein Mann da sein musste. In diesen Worten liegt aber auch die eindeutige Zurückweisung der Göttlichkeit Jesu Christi. Wie konnte man ihn als Gott ansehen und annehmen, er sei Teilhaber an der Göttlichkeit des Schöpfers, nachdem er selbst durch einen Befehl Gottes erschaffen worden ist?" (Die Bedeutung des Korans Bd. 1, München 1996, 158).

An einer anderen Stelle heißt es zum selben Vers: Selbst nichts anderes als ein Sterblicher, war Jesus der Sohn einer durchaus nicht unsterblichen Frau, keinesfalls aber der Sohn Gottes. Mit der Formulierung „Sohn der Maria" wird auf sein Menschsein hingewiesen und dieses unterstrichen. Eines der Wunder des Korans ist, dass er bei der Erwähnung gleichzeitig die Auffassungen von Christen und Juden widerlegt und ständig eine Sprache beinhaltet, die sowohl eine Antwort auf die christliche Vergöttlichung wie auf die jüdischen Beschuldigungen gegen Jesus enthält.

Maria war durch ihre Beziehung zu Gott, Frömmigkeit und Gottesfurcht förmlich dazu geschaffen, an dem Wunder teilzuhaben. So erreichte sie auch zum ersten Mal mit Hilfe von Gottes Engeln die Botschaft über die ihr bevorstehende Empfängnis. Dieses Zeichen Gottes beinhaltet gleichzeitig eine Motivation für uns Menschen, über den Ursprung des Lebens nachzudenken. Vergleicht man die Entstehung Christi mit der Entstehung Adams, war es bei Adam ein Klumpen Lehm oder war es mehr? Nur Gott weiß die Antwort (vgl. ebd. 158).

Was diesen Punkt anbetrifft, gemeint ist die Beziehung zwischen Jesus und Gott, habe ich in meiner mehr als 30jährigen Erfahrung gerade über diesen Zusammenhang sehr viele Gespräche mit christlichen Freunden und christlichen Theologen geführt. Die folgende Fragestellung von mir brachte die meisten von ihnen in eine kritische Situation. In bezug auf die Gottessohnschaft Jesu darf man sich hier fragen: warum hat Jesus unmittelbar vor seiner Verhaftung im Garten Gethsemane „Vater, laß diesen Kelch an mir vorüberziehen!“ gesagt? So muß man annehmen, dass zumindest Jesus und Vater, „Gott“, zwei verschiedene Persönlichkeiten sind.

Das berühmte Argument, dass Jesus, „der inkarnierte Gott“, sich bewußt seiner göttlichen Eigenschaften entleerte (Kenosis), um rein Mensch zu sein, erscheint mir viel mehr als eine Art Wunschdenken, denn die gesamte Erde mit der Menschheit ist nach den heutigen wissenschaftlichen Erkenntnissen weniger als ein Staubkörnchen im All. Von daher gesehen müssen wir uns mehr als glücklich bezeichnen, dass er sich uns über die abrahamische Offenbarungskette überhaupt geoffenbart hat.

Ein wichtiger Punkt bei der Verkündigung Jesu ist in Vers 46 der 3. Sure zu lesen. „Und er wird (schon als Kind) in der Wiege zu den Leuten sprechen, und (auch später) als Erwachsener, und (wird) einer von den Rechtschaffenen (sein)". Die offizielle Meinung der islamischen Theologie nach dem Kommentar zu diesem Vers lautet wie folgt: „Die göttliche Sendung Jesu soll nur drei Jahre gedauert haben, von seinem 30. bis zu seinem 33. Lebensjahr, als er angeblich gekreuzigt wurde. Doch im Neuen Testament (Lukas 2:46: Und es begab sich, nach drei Tagen fanden sie ihn im Tempel sitzen mitten unter den Lehrern, wie er ihnen zuhörte und sie fragte.) wird davon gesprochen, dass er bereits als Knabe mit den Rechtsgelehrten im Tempel diskutierte und sogar schon vorher (Lukas 2:40: Aber das Kind wuchs und ward stark im Geist, voller Weisheit, und Gottes Gnade war bei ihm.), dass „das Kind aber wuchs und erstarkte in der Fülle der Weisheit". In einigen apokryphen Evangelien ist die Rede davon, dass er bereits im Kindesalter predigte" (Die Bedeutung des Korans Bd. 1, München 1996, 158).

Diese Ankündigung hat selbstverständlich für Maria und ihre engsten Angehörigen sowohl eine psychologische als auch eine große pädagogische Bedeutung. Die psychologische Bedeutung liegt eben darin, dass das, was ihr die Engel zuvor übermittelt haben, sie auf die Erziehung dieses „Wunderknaben" vorbereitet habe, wodurch wiederum ihr eigenes Selbstwertgefühl so erhöht wird, dass sie über jeglichen Hochmut erhaben ist. Dieser Punkt ist meiner Meinung nach fast ein Beweis für die Gläubigkeit eines jeden Menschen. Ich darf an dieser Stelle diesen Gedanken weiter verfolgen, indem ich behaupte, dass die Demut der Indikator darstellt für die individuelle Verschmelzung mit der gesamten Schöpfung Gottes. Dieser Zustand ist eine Gnade Gottes, die er gerade Jesus bzw. seiner Mutter geschenkt hat. Nicht umsonst stellt Jesus für mich und meine deutsche Frau, eine ehemalige Katholikin, die Krone der Demut dar. Mich wundert es heutzutage, dieses Wetteifern im Anheben der Nase gegenüber den Mitmenschen und das in einer sogenannten modernen christlichen Gesellschaft.

Das pädagogische Element in dieser Kundmachung liegt eben im bewußten Ausschalten des eigenen weltlichen Ichs diesem Kinde (Jesus) gegenüber. Dieser Punkt ist sehr wichtig innerhalb der Interaktion zwischen Maria und dem Kind, damit die göttlichen Eigenschaften, die Gott in Jesus angelegt hat, sich gesund entwickeln und später zum Ausdruck gebracht werden können.

Die Reaktion Marias auf diese Ankündigung war eine rein menschliche Reaktion, denn sie wusste, dass um ein Kind zu bekommen, die Frau dazu einen Mann benötigt. Dies ist ihre und unsere Realität, in der wir bis heute leben und genau hier liegt die Problematik des Christentums im modernen Zeitalter, was sie in Vers 47 der 3. Sure ausdrückt: „Sie sagte: 'Herr! Wie sollte ich ein Kind bekommen, wo mich (noch) kein Mann (w. Mensch) berührt hat?' Er (d.h. der Engel der Verkündigung, oder Gott?) sagte: 'Das ist Gottes Art (zu handeln). Er schafft, was er will. Wenn er eine Sache beschlossen hat, sagt er zu ihr nur: sei!, dann ist sie.“ An der Stelle im Vers, wo es heißt: „Er (d.h. der Engel der Verkündigung, oder Gott?)“ ist der von Gott beauftragte Engel gemeint (vgl. ebd). In diesem Akt der Schöpfung ist ein wesentliches Element der Art und Weise Seiner Erschaffung zu erkennen. Sein Wille ist der Stoff, aus dem alles gemacht wird. Weder Materie noch jedwede andere Hilfe wird dazu benötigt.

Was Gott mit Jesus vorhat, steht in Vers 48 derselben Sure klar und eindeutig. „Und er wird ihn die Schrift, die Weisheit, die Thora und das Evangelium lehren“. Die offizielle Meinung der islamischen Theologie bezieht sich auf den Begriff der Schrift. In dieser Übersetzung wurde das Wort „Buch“ mit „Schrift“ übersetzt. Dort heißt es: „Mit dem ‚Buch‘ könnte das Evangelium bzw. die Thora gemeint sein, auch die eigentliche Fähigkeit des Lesens und Schreibens, das heißt die offenbarten Bücher ganz allgemein“ (vgl. ebd. 159).

Hier ist der Auftrag an Jesus die Übermittlung der Schrift an die Menschen. Nach dem heutigen islamischen Verständnis beinhaltet der Begriff der Heiligen Schrift sowohl die mosaische, die christliche als auch die islamische. Der wichtigste Inhalt ist, dass Jesus nur den Träger der Botschaft Gottes darstellt und selbst nicht die eigentliche Botschaft ist. Er ist aber insofern ein Teil der Botschaft Gottes, was seine Entstehung anbetrifft. Es ist auch zu bedenken, dass das erste Wort, was unser Prophet Mohammed vom Erzengel Gabriel zu hören bekam, die Aufforderung zum Lesen war, siehe die ersten Verse (1-5) der erstempfangenen Sure. Sie hat in der Kodifizierung des Korans die Nummer 96: „1Trag vor im Namen deines Herrn, der erschaffen hat, 2 den Menschen aus einem Embryo erschaffen hat! 3 Trag (Worte der Schrift) vor! Dein höchst edelmütiger Herr (oder: Dein Herr, edelmütig wie niemand auf der Welt) ist es ja, 4 der den Gebrauch des Schreibrohrs gelehrt hat (oder: der durch das Schreibrohr gelehrt hat), 5 den Menschen gelehrt hat, was er (zuvor) nicht wußte“.

Was hier mit „trag vor“ übersetzt wurde, stellt im Originalkoran in der Originalsprache den Imperativ von „lesen“, also „lies“ dar. Diese Befehlsform wurde an einen Analphabeten gerichtet. Vergleicht man den Auftrag von Jesus, in dem die Sprache von der Schrift, Weisheit und lehren ist, mit diesen ersten fünf Versen der koranischen Schrift, so wird eines ganz klar. Hierin ist eine versteckte Aufforderung an die Menschheit gerichtet, sich Wissen zu erwerben. Nicht umsonst sagte unser Prophet in einem Hadith:

„Die Tinte eines Schülers ist heiliger als das Blut eines Märtyrers". Oder: „Hole dir das Wissen und wenn es sein muß, aus China", wobei China für die Araber auf der Arabischen Halbinsel seinerzeit ein Symbol für die Ferne war.

Bei den Offenbarungen Gottes geht es nicht um die Persönlichkeit des Übermittlers, sondern vielmehr um das, was er zu übermitteln hat. Für mich persönlich ist dabei der Gebrauch des höchsten Gutes, was uns Gott ähnlich macht, gefragt, nämlich das Einsetzen des Verstandes. Gerade die Naturwissenschaftler unter den Gläubigen tragen eine große religiöse Verantwortung, denn sie haben den tieferen Einblick in die Werke Gottes. Selbstverständlich muß jedes Individuum den Weg des eigenen Gesandten zu Gott beschreiten, d.h. der Jude, der Christ und der Muslim sind beauftragt, jeweils den eigenen spezifischen Weg, der ihnen in seiner Botschaft übermittelt wurde, voll auszuleben.

Gerade im aktuellen Prozeß der Globalisierung haben diese Angehörigen nicht nur der abrahamischen Religionen aus der Vernunft, die uns allen gemeinsam ist, Gebrauch zu machen und im abrahamischen Begriff der Schrift bzw. der Weisheit die Bildung zu erkennen. Es gibt kein schöneres Feld, die Weisheit Gottes zu erkennen als den Bereich der wissenschaftlichen Erkenntnisse.

## *3.2 Die Geburt Jesu*

Zur Geburt von Jesus heißt es in der 19. Sure, Vers 16 bis 35 : „16 Und gedenke in der Schrift der Maria! (Damals) als sie sich vor ihren Angehörigen an einen östlichen Ort zurückzog!" In diesem Vers liegt ein Befehl an den Propheten Mohammed, Maria in seiner Schrift (den Koran) zu erwähnen, denn nach Gottes Gesetzen entsteht das Leben bei allen Arten der Geschöpfe durch das männliche und weibliche Geschlecht. Daran hatten sich die Menschen so gewöhnt, dass sie die Urentstehung des Menschen vergaßen. Nun wollte Gott ihnen durch die Geburt Jesu ein Beispiel Seiner ungebundenen Macht und Seines Willens geben. Doch dieses Ereignis blieb beispiellos, damit die Grundregeln gewahrt bleiben (vgl. Die Bedeutung des Korans Bd. 3, München 1996, 1378).

Zur Aussage in diesem Vers, daß sie sich vor ihren Angehörigen an einen östlichen Ort zurückzog, vermutet man in der islamischen Theologie „Vielleicht in eine im Osten gelegene Kammer, wahrscheinlich im Tempel. Sie zog sich von ihren Familienangehörigen und den Menschen überhaupt zurück, um sich dem Gebet und dem Gottesdienst zu widmen. In diesem Zustand der Reinheit geschah es, dass ihr ein Engel in Menschengestalt erschien. Sie glaubte, es sei ein wirklicher Mann, fürchtete sich und beschwor ihn, sie nicht in ihrer Abgeschiedenheit zu stören“ (ebd. 1379).

„17 Da nahm sie sich einen Vorhang (oder: eine Scheidewand), (um sich) vor ihnen zu (verbergen). Und wir sandten unseren Geist zu ihr. Der stellte sich ihr dar als ein wohlgestalteter (w. ebenmäßiger) Mensch“. Hier ist der Erzengel Gabriel gemeint. „Die Koranausleger sind der Meinung, dass er ihr als Mensch erschien, damit sie auf ihn hörte und Vertrauen zu ihm gewann und ihn nicht abwies, was der Fall gewesen wäre, wenn er ihr als Engel erschienen wäre“ (ebd. 1379).

Zu dem Begriff „Geist“ arab. „Ruh“, der in diesem Vers erwähnt ist, meint man: „Der Begriff „ruh“ bedeutet oft „göttliche Offenbarung“. Gelegentlich wird er jedoch gebraucht, um das Medium zu bezeichnen, durch das solche Offenbarung Gottes Auserwählten mitgeteilt wird, mit anderen

Worten, den Engel (oder die Engelskraft) der Offenbarung. Da sterbliche Menschen Engel nicht in ihrer wahren Form wahrnehmen können, ließ Gott ihn in diesem Fall ‚als wohlgestalteten Menschen' erscheinen, d.h. in einer Form, die ihrer Wahrnehmung zugänglich war. Nach Razi wird der Engel deswegen mit ‚Ruh' bezeichnet, weil damit angedeutet werden soll, dass diese Wesen rein geistig sind, ohne jedes physische Element" (ebd. 1379).

„18 Sie sagte: ‚Ich suche beim Erbarmer Zuflucht vor dir. (Weiche von mir), wenn du gottesfürchtig bist". Natürlich führt die Erscheinung dieses Geistes als Mann zu Ängsten bei Maria.

Es folgt der Dialog zwischen Maria und dem Engel, der ihr als ein vollkommener Mann erschienen ist.

„19 Er sagte: '(Du brauchst keine Angst vor mir zu haben.) Ich bin doch der Gesandte deines Herrn. (Ich bin von ihm zu dir geschickt) um dir einen lauteren Jungen zu schenken.' 20 Sie sagte: 'Wie sollte ich einen Jungen bekommen, wo mich kein Mann (w. Mensch) berührt hat und ich keine Hure bin? (oder: ... berührt hat? Ich bin (doch) keine Hure!)' 21 Er sagte: 'So (ist es, wie dir verkündet wurde). Dein Herr sagt: (oder: So hat dein Herr (es an)gesagt.) Es fällt mir leicht (dies zu bewerkstelligen). Und (wir schenken ihn dir) damit wir ihn zu einem Zeichen für die Menschen machen, und weil wir (den Menschen) Barmherzigkeit erweisen wollen (w. aus Barmherzigkeit von uns). Es ist eine beschlossene Sache.' 22 Da war sie nun schwanger mit ihm (d.h. dem Jesusknaben). Und sie zog sich mit ihm an einen fernen Ort zurück. 23 Und die Wehen veranlaßten sie, zum Stamm der Palme zu gehen. Sie sagte: 'Wäre ich doch vorher gestorben und ganz in Vergessenheit geraten!". Während der Wehen beim Geburtsvorgang musste sie sich an der Palme festhalten. Diese Situation ist für eine Frau, die während der Geburt allein gelassen wird, extrem hart. Bis heute sind bei Frauen, die gebären, meistens weibliche Angehörige zur Begleitung der Geburt mit dabei.

An dieser Stelle tritt also die menschliche Normalität in härtester Form für Maria ein. Ihre Hauptsorge ist, wie sie dieses vaterlose Kind ihren Angehörigen vorstellen soll. Diese soziale Situation verursacht bei ihr die eigentlichen Schmerzen und gerade in dieser Lage geschieht im folgenden Vers wieder ein Wunder.

„24 Da rief er (d.h. der Jesusknabe) ihr von unten her zu: 'Sei nicht traurig! Dein Herr hat unter dir (d.h. zu deinen Füßen?) ein Rinnsal (voll Wasser) gemacht". Wer hier gerufen hat, ist nicht eindeutig. Bei dieser Übersetzung des Koran von Rudi Paret meint er, das sei der Jesusknabe. In der Originalsprache heißt es „fanadaha men tahtiha", was so viel bedeutet wie „er rief sie von unter ihr her". Jeder unbedarfte Leser muß annehmen, dass dies tatsächlich das Jesuskind ist, das gerade aus ihr herauskam. Im Kommentar von Rudi Paret steht folgendes: „W. Rudolph bemerkt zu den hier geschilderten Begleitumständen der Geburt Jesu (S. 79): ‚Die wahrscheinlichste Erklärung ist die, daß Muhammed hier von einer Szene, die der sogenannte Pseudo-Matthäus in Kap. 20 von der Flucht nach Ägypten berichtet, beeinflußt ist und diese auf die Geburt überträgt: tunc infantulus Jesus laeto vultu in sinu matris suae residens ait ad palmam:

flectere, arbor, et de fructibus tuis refice matrem meam ... aperi autem ex radicibus tuis venam, quae absconsa est in terra, et fluant ex ea aquae ad satietatem nostram.' Den ausführlichen Text von Pseudo-Matthäus bietet (in französischer Übersetzung): D. Sidersky, Les origines des légendes musulmanes dans le Coran, Paris 1933, S. 142f.“ (vgl. Koran-Komm., 323-324, Stuttgart 1980).

Diese Kommentierung ist eine Ohrfeige ins Gesicht eines jeden gläubigen Muslims. Außerdem war Jesus mit göttlichen Eigenschaften ausgestattet, die er zu jeder Zeit einsetzen konnte. Wer diese Fähigkeiten bereits als Kleinkind während der Flucht nach Ägypten einsetzt, kann erst recht bei seiner Geburt ein solches Wunder an den Tag legen. Es darf an dieser Stelle nicht vergessen werden, dass die Angelegenheit mit Jesus ein Fingerzeig Gottes für die Menschheit war und dass gerade der Islam dies bestätigt. Deshalb kann ich als Muslim diese Argumentation von Christen, die die koranischen Aussagen herabsetzen, nicht verstehen. Es wird dabei vergessen, dass in der damaligen Zeit kaum etwas niedergeschrieben worden ist und wenn, so existierten diese Unterlagen im heutigen Israel, während der Prophet mit seinen Angehörigen auf der Arabischen Halbinsel lebte. Außerdem wurde gerade die 19. Sure mit diesem Vers, der sich auf Jesus bezieht, in Mekka empfangen. Es muß zudem bedacht werden, dass solche Texte entweder in Griechisch oder in Latein festgehalten wurden und in der Zeit des Propheten (Mohammed wurde im Jahre 570 geboren) gab es laut Überlieferung kaum jemanden, der diese fremden Sprachen, geschweige denn solche Schriften, verstehen oder lesen konnte.

Im Korankommentar heißt es sinngemäß zu dieser Stelle: Es war der Erzengel Gabriel, denn Jesus sprach erst dann zum ersten Mal, als er als Säugling Marias Angehörigen vorgestellt wurde. Wenn Jesus als Säugling gleich nach der Geburt zu den Angehörigen Marias in der Wiege sprach, warum sollte er nicht unmittelbar nach dem Verlassen der Gebärmutter und gerade in dieser Notsituation seiner Mutter nicht zu ihr gesprochen haben? Außerdem welcher Sinn würde dahinterstecken, wenn das jemand anderes wäre, der von unter her ihr rufen sollte und das gerade während einer Geburt? Also sagt die Vernunft, dass es Jesus war, der da gerufen hat. Von keinem anderen, weder Mensch noch Geist, hätte Maria einen besseren Trost in ihrer Situation erhalten können außer von ihrem eigenen Sohn, der diese Schmerzen verursachte.

„25 Und schüttle den Stamm der Palme (indem du ihn) an dich (ziehst)! Dann läßt sie saftige, frische Datteln auf dich herunterfallen. 26 Und iss und trink und sei frohen Mutes (w. kühlen Auges)! Und wenn du (irgend)einen von den Menschen siehst, dann sag: Ich habe dem Barmherzigen ein Fasten gelobt. Darum werde ich heute mit keinem menschlichen Wesen sprechen". Zu Vers 26 meint man im koranischen Kommentar: „Wörtlich: Kühle deine Augen: eine Redewendung für ‚Tröste dich und sei froh'. Wir brauchen die wörtliche Bedeutung jedoch nicht ganz aus den Augen zu verlieren: sie sollte ihre (vielleicht tränenfeuchten) Augen mit dem Wasser des Bächleins kühlen und sich damit trösten, dass sie ein außergewöhnliches Kind bekommen hat. Sie sollte sich auch umsehen und, wenn sich jemand ihr näherte, jedes Gespräch verweigern. Es war wahr: sie stand unter einem Gelübde und konnte deswegen mit niemandem sprechen" (Die Bedeutung des Korans Bd. 3, München 1996, 1382). An einer anderen Stelle heißt es zum selben Vers: „Mit dem Hinweis auf ein Gelübde Gott gegenüber sollte sie jedes Gespräch mit anderen Menschen – Männern oder Frauen – ablehnen. ‚Fasten' bedeutet hier nicht buchstäblich Enthaltsamkeit von Speise und Trank. Gerade war ihr doch gesagt worden, sie solle Datteln essen und aus dem Bächlein trinken. Es bedeutet in diesem Fall Enthaltsamkeit von gemeinsamen Mahlzeiten und vom Umgang mit Menschen allgemein" (ebd. 1382).

„27 Dann kam sie mit ihm zu ihren Leuten, indem sie ihn (auf dem Arm) trug. Sie sagten: 'Maria! Da hast du etwas Unerhörtes begangen.

28 Schwester Aarons! Dein Vater war doch kein schlechter Kerl (w. Mann) und deine Mutter keine Hure“. Aaron, Moses´ Bruder, war der erste in der Linie des israelischen Priestertums. Maria und ihre Kusine Elisabeth (die Mutter Ayhyas) stammten aus der priesterlichen Familie und wurden deswegen als „Schwestern Aarons“ oder „Töchter Imrans“ (Aarons Vater) bezeichnet. Maria wurde an ihre edle Abstammung und an die beispiellose Tugendhaftigkeit ihres Vaters und ihrer Mutter erinnert. Wie tief war sie gefallen, sagte man, und wie sehr hat sie die Namen ihrer Vorfahren entehrt!“ (ebd. 1383)

„29 Da wies sie auf ihn (d.h. den Jesusknaben). Sie sagten: 'Wie sollen wir mit einem sprechen, der als kleiner Junge (noch) in der Wiege liegt?'“ Dazu lautet der islamische Kommentar: „Was konnte Maria jetzt tun? Wie konnte sie die Sache erklären? Würden sie in ihrer kritischen Verfassung ihre Erklärung akzeptieren? Sie konnte nur auf das Kind zeigen, das, wie sie wusste, kein gewöhnliches Kind war. Und das Kind kam ihr zu Hilfe. Durch ein Wunder sprach es, verteidigte seine Mutter und predigte – einer ungläubigen Zuhörerschaft“ (ebd. 1383).

„30 Er sagte: 'Ich bin der Diener Gottes. Er hat mir die Schrift gegeben und mich zu einem Propheten gemacht“. Hier steht exakt manifestiert, welche Bedeutung Jesus hat. Er sagt, er ist der Diener Gottes und weder Sohn noch Teilhaber an seiner Göttlichkeit.

„31 Und er hat gemacht, daß mir, wo immer ich bin, (die Gabe des) Segen(s) verliehen ist, und mir das Gebet (zu verrichten) und die Almosensteuer (zu geben) anbefohlen, solange ich lebe, 32 und (daß ich) gegen meine Mutter pietätvoll (sein soll). Und er hat mich nicht gewalttätig und unselig gemacht". Vers 32 zeigt explizit, wie Jesus sich zu seiner Mutter verhält, nämlich pietätvoll im Gegensatz zu manchen Behauptungen im Neuen Testament, siehe Mt 12: 46-50 und Mk 3:31-35.

„33 ‚Heil sei über mir am Tag, da ich geboren wurde, am Tag, da ich sterbe, und am Tag, da ich (wieder) zum Leben auferweckt werde!' 34 Solcher Art (w. Dies) ist Jesus, der Sohn der Maria - um die Wahrheit zu sagen, über die sie (d.h. die Ungläubigen (unter den Christen?) (immer noch) im Zweifel sind. 35 Es steht Gott nicht an, sich irgendein Kind zuzulegen Gepriesen sei er! (Darüber ist er erhaben.) Wenn er eine Sache beschlossen hat, sagt er zu ihr nur: sei!, dann ist sie". Zu diesen Worten in Vers 35 in bezug auf die Sohnschaft Jesu heißt es im koranischen Kommentar: „Ein Sohn ist jemand, den vergängliche Wesen brauchen, um sich selbst fortzusetzen, beziehungsweise als Hilfe in ihrer Schwäche. Gott ist jedoch ewig und unvergänglich. Er ist mächtig und bedarf keiner Hilfe. Alles, was Er schafft, geschieht durch das Wort ‚Sei!' und es wird. Und was er verwirklichen will, das geschieht nach Seinem Willen und nicht durch einen Sohn oder Helfer". (Die Bedeutung des Korans Bd. 3, München 1996, 1385). An einer anderen Stelle desselben Kommentars heißt es: „Die Zeugung eines Sohnes ist eine physische Handlung, die von den Bedürfnissen der tierischen Natur des Menschen abhängig ist. Gott ist von allen Bedürfnissen unabhängig, und es ist entwürdigend für Ihn, Ihm eine solche Handlung zuzuschreiben. Eine solche Vorstellung ist nur ein Überbleibsel heidnischen und anthropomorphen Aberglaubens" (ebd. 1385). An dieser Stelle muß erwähnt werden, dass die Gottessohnschaft Jesu, wie das die offizielle Meinung des Islam vertritt, weder mit der Erhaltung der Art noch mit irgendeinem Bedürfnis Gottes zusammenhängt. Ich als Muslim, der seit über 40 Jahren in Deutschland lebt und seit mehr als 30 Jahren um den christlich-islamischen Dialog bemüht ist, habe die Gottessohnschaft aus christlicher Sicht so verstanden, als ob diese die Wichtigkeit Jesu für Gott zum Ausdruck bringt. Die Einbeziehung Gottes bzw. die Übertragung von menschlichen Strukturen auf Gott verletzt für den Muslim den Absolutheitsanspruch Gottes und damit ist dies abzulehnen.

Hier möchte ich bewusst nicht auf die historische Entwicklung der Manifestierung der Trinitätslehre eingehen, sondern vielmehr sehe ich in dieser Problematik einen sehr wichtigen Anhaltspunkt für das Aufeinanderzugehen von Muslimen und Christen mit der gegenseitigen Absicht, den anderen verstehen zu wollen. Nur so werden wir Christen und Muslime im Sinne des Propheten Mohammed und Jesu handeln. Alles andere wäre dieser beider Persönlichkeiten nicht würdig.

Halten wir also folgenden objektiven Tatbestand fest:

In den Versen 16-35 sollte Maria in der Heiligen Schrift erwähnt werden, denn sie war von Gott auserwählt worden, um durch den Heiligen Geist (der Erzengel Gabriel) das Jesuskind zu empfangen. Diese Erwähnung Marias im Koran hat drei Bedeutungen für den Islam:

a) Sie bildet eine Bestätigung der christlichen Botschaft, vor allem, was das Geheimnis des Ursprungs Jesu betrifft.

b) Jesus stellt eine Realisierung des Wortes Gottes dar, d.h. hier wird die christliche Darstellung Jesu als der Logos Gottes bestätigt. Jesus ist der Beweis für die Allmacht Gottes.

c) Die Art und Weise, in der Jesus ins Leben gerufen wurde und die Lehre, mit der er beauftragt wurde, bilden im ganzen ein Zeichen Gottes für die gesamte Menschheit, das Mohammed im Koran unterstreicht.

### *3.3 Das Leben und Wirken Jesu aus koranischer Sicht*

Das Wirken Jesu setzt nach den koranischen Aussagen bereits in der Wiege ein. In der 3. Sure, Vers 46, heißt es: „Und er wird (schon als Kind) in der Wiege zu den Leuten sprechen, und (auch später) als Erwachsener, und (wird) einer von den Rechtschaffenen (sein)". Im koranischen Kommentar heißt es sinngemäß: „daß es der Wille Gottes ist, der das Kind bereits in der Wiege zu den Menschen sprechen ließ. Dieses Wunder soll als ein Zeichen Gottes an die Menschen sein, damit sie die Wahrheit dieses von Gott gesandten Menschen erkennen. Und es ist Bekräftigung der Tatsache, daß das, was dieses Kind später sagt und tut, von Gott gewollt ist" (Der Korankommentar von Ismael Ben Kuthair, Hrsg.: Die Al-Azhar-Jugend, Kairo 1980, Band 1, S. 365). Dieser Vers war die Ankündigung der Geburt Jesu an seine Mutter Maria, die über den Erzengel überbracht worden ist. Wie man sieht, ist hier bereits eine Lehre für die Menschheit enthalten und zwar geht es nicht nur um die konkreten Aufgaben Jesu, sondern er wirkt vielmehr hier als ein Werkzeug in der Hand Gottes.

In den folgenden Versen wird klar gezeigt, mit welchen Fähigkeiten der Allmächtige Jesus ausstattete. Der Leser darf hier diese Wundertaten, die nicht nur koranisch, sondern auch biblisch manifestiert sind, nicht auf die Fähigkeiten Jesu zurückführen, sondern vielmehr auf Gott, der ihn damit ausgestattet hat.

Die Wundertaten von Jesus lassen sich in Vers 49 der gleichen Sure fortsetzen: „Und als Gesandter (Gottes) an die Kinder Israels (wies Jesus sich aus mit den Worten:) 'Ich bin mit einem Zeichen von eurem Herrn zu euch gekommen (das darin besteht?), daß ich euch aus Lehm etwas schaffe, was so aussieht, wie Vögel. Dann werde ich hineinblasen, und es werden mit Gottes Erlaubnis (wirkliche) Vögel sein. Und ich werde mit Gottes Erlaubnis Blinde und Aussätzige heilen und Tote (wieder) lebendig machen. Und ich werde euch Kunde geben von dem, was ihr in euern Häusern eßt und aufspeichert (ohne es gesehen zu haben). Darin liegt für euch ein Zeichen, wenn (anders) ihr gläubig seid“.

Dieser Vers wird mit folgenden Worten aus islamischer offizieller Seite kommentiert: „Das Wunder der Lehmvögel ist in einigen der apokryphen Evangelien zu finden; das des Heilens der Blinden und Aussätzigen und des Auferweckens der Toten in den kanonischen Evangelien. Das ursprüngliche Evangelium bestand nicht aus den verschiedenen Geschichten, die erst später von den Jüngern aufgeschrieben worden sind, sondern aus der Botschaft, die Jesus selbst verkündet hat. Das Bemerkenswerte an dieser Ansprache ist, dass sie aus Jesu´ eigenem Munde kommt, so wie es Maria von Gott vorausgesagt wurde und später tatsächlich eintraf. Jesus stellt dabei klar, dass ein jedes ‚seiner' Wunder ein Wunder von Gott ist.“ ( Die Bedeutung des Korans Bd. 1, München 1996, 159).

Zu den Wundern, die Jesus in Vers 49 als ein Zeichen Gottes dem Volk Israel darbot, heißt es sinngemäß in einer anderen Korankommentierung: „Gott bewaffnete jeden seiner Gesandten mit Fähigkeiten, die der Zeit und dem Volk, zu dem sie gesandt wurden, gerecht waren. In Moses' Zeiten bildete die Kunst des Zauberns ein Charakteristikum dieser Epoche. Aus diesem Grunde waren die Zauberer die damaligen Persönlichkeiten des

Volkes. Gott sandte deshalb Moses und verlieh ihm die Fähigkeit, so zu zaubern, daß die ersten, die Gott in diesen von ihm vollbrachten Werken erkannten, die Zauberer waren. Jesus wurde in einer Zeit von Gott gesandt, deren Geschehen von Medizinern und Naturforschern gekennzeichnet war. Gott gab ihm die Fähigkeit, Wunder in der Form zu vollbringen wie z.B. Tote wiederzuerwecken und Blinde sehend zu machen als Beweis für das Göttliche innerhalb seiner Botschaft" (Der Korankommentar von Ismael Ben Kuthair, Hrsg.: Die Al-Azhar-Jugend, Kairo 1980, Band 3, S. 63f)

Es ist an dieser Stelle an die Situation zu denken, als Moses vor dem Pharao mit seinen Zauberern stand. Da befahl ihm Gott, seinen Stock niederzuwerfen. Aus dem Stock wurde eine sehr große Schlange, die die Schlangen der Zauberer des Pharao verschlang. „50 Und (ich bin gekommen, um) zu bestätigen, was von der Thora vor mir da war. Und ich will euch einiges von dem erlauben, was euch (durch euer Gesetz) verboten worden ist. Ich bin mit einem Zeichen von eurem Herrn zu euch gekommen. Daher fürchtet Gott und gehorchet mir!"

Im islamischen Kommentar heißt es dazu: „Jesus zeigt das wahre Christentum: Er bestätigt ausdrücklich die Thora und bringt lediglich einige Erleichterungen von Gott. Denn Gott hatte den Juden zur Strafe für ihre Untreue einige Dinge, die ihnen zuerst erlaubt gewesen waren, verboten. Jesus kam nun als Zeichen Gottes für Seine Barmherzigkeit mit der Wiederaufhebung dieser Verbote" ( Die Bedeutung des Korans Bd. 1, München 1996, 159). In Anlehnung an diese Verbote soll hier exemplarisch folgendes Beispiel aus dem Neuen Testament erwähnt werden, nämlich als Jesus die Sabbat- und Speisevorschriften lockerer interpretierte. In Mk 2, 27-28 heißt es: „27 Und er sprach zu ihnen: Der Sabbat ist um des Menschen willen gemacht, und nicht der Mensch um des Sabbat willen. 28 So ist des Menschen Sohn ein HERR auch des Sabbats“. Jesus war auch als ein Zeichen der allgemeinen Lebenserleichterung für die Menschen von Gott vorgesehen. Folgende Verse aus Sure 57 sollen dies verdeutlichen: „26 Und wir haben doch Noah und Abraham (als unsere Boten) gesandt und in ihrer Nachkommenschaft die Prophetie und die Schrift (heimisch) gemacht. Etliche von ihnen (d.h. von ihren Zeit- und Volksgenossen, oder von ihrer Nachkommenschaft) waren rechtgeleitet. Aber viele von ihnen waren Frevler. 27 Hierauf ließen wir hinter ihnen her unsere (weiteren) Gesandten folgen. Und wir ließen Jesus, den Sohn der Maria, folgen und gaben ihm das Evangelium, und wir ließen im Herzen derer, die sich ihm anschlossen, Milde Platz greifen (w. wir setzten in das Herz derer, die sich ihm anschlossen, Milde), Barmherzigkeit und Mönchtum...“.

Die offizielle Meinung des islamischen Kommentars zu Vers 27 lautet: „Die hauptsächlichen Wesenszüge des Evangeliums sind Demut und Weltentsagung. Der erste Segen in der Bergpredigt gilt denen, die ‚geistig arm sind vor Gott’, denen, die ‚traurig sind’, und denen, die ‚demütig’ sind (vergleiche Matthäus 5:3-5). Jesus ermahnte seine Jünger, sich nicht um den morgigen Tag zu sorgen (Matthäus 6:34). Durch die Augen eines Mönchs gesehen sind dies Bruchstücke eine unvollständigen Philosophie. Soweit sie Mitgefühl, Barmherzigkeit mit den Leidenden und hilfsbereites Handeln repräsentieren, repräsentieren sie den Geist Jesu. Jesus war in höchstem Grad mitleidig und barmherzig und beeinflusste seine Anhänger dahingehend“ (Die Bedeutung des Korans Bd. 5, München 1996, 2647).

Jesus stellte nach dem islamischen Verständnis das Zeichen Gottes für „Milde und Barmherzigkeit“ an die Menschen dar. Genau dies gab Jesus laut Neuem Testament im 3. Kapitel des Johannesevangeliums an seine Jünger weiter. „34 Ein neues Gebot gebe ich euch: Liebet einander! Wie ich euch geliebt habe, so sollt auch ihr einander lieben. 35 Daran werden alle erkennen, dass ihr meine Jünger seid: wenn ihr einander liebt". Gott stattete außerdem Jesus mit „Hikmah", was „Weisheit" bedeutet, aus. Sure 3, 48 und Sure 5, 110 bezeugen dies: „48 Und er wird ihn die Schrift, die Weisheit, die Thora und das Evangelium lehren". „110 (Damals) als Gott sagte: 'Jesus, Sohn der Maria! Gedenke meiner Gnade, die ich dir und deiner Mutter erwiesen habe, (damals) als ich dich mit dem heiligen Geist stärkte, so daß du (schon als Kind) in der Wiege zu den Leuten sprachst, und (auch später) als Erwachsener, und (damals) als ich dich die Schrift, die Weisheit, die Thora und das Evangelium lehrte,...".

Die Parallele zu dieser Stelle findet sich im Neuen Testament bei Lk 2, 46-52, wo die Weisheit des 12jährigen Sohnes der Maria im Tempel erkannt worden ist: „46 Und es begab sich, nach drei Tagen fanden sie ihn im Tempel sitzen mitten unter den Lehrern, wie er ihnen zuhörte und sie fragte. 47 Und alle, die ihm zuhörten, verwunderten sich seines Verstandes und seiner Antworten. 48 Und da sie ihn sahen, entsetzten sie sich. Seine Mutter aber sprach zu ihm: Mein Sohn, warum hast du uns das getan? Siehe, dein Vater und ich haben dich mit Schmerzen gesucht. 49 Und er sprach zu ihnen: Was ist's, daß ihr mich gesucht habt? Wisset ihr nicht, daß ich sein muß in dem, das meines Vaters ist? 50 Und sie verstanden das Wort nicht, das er mit ihnen redete. 51 Und er ging mit ihnen hinab und kam gen Nazareth und war ihnen untertan. Und seine Mutter behielt alle diese Worte in ihrem Herzen. 52 Und Jesus nahm zu an Weisheit, Alter und Gnade bei Gott und den Menschen". In diesen biblischen Versen sehe ich als Muslim, wie Gott Maria gegenüber Wort hielt in Bezug auf die Fähigkeiten ihres Sohnes. Hierin ist eine Art Wiedergutmachung Gottes ihr gegenüber für die ehemalige Situation, wo sie mit einem unehelichen Kind ihren Angehörigen gegenüber auftreten musste, zu sehen.

Diese wenigen Sätze, die erwähnt worden sind, haben sich bewusst auf die arabische Sichtweise der Dinge im Zusammenhang mit der dortigen Mentalität bezogen. Ich darf an dieser Stelle bemerken, dass bei der Auslegung der Heiligen Schriften, sei es das mosaische, das christliche oder das islamische Heilige Buch, die meisten europäischen Theologen diesen Punkt vergessen. Die ehemalige Mentalität in der Zeit Christi existiert in den dortigen Gebieten bis heute noch. Die obigen Bibelverse wird ein christlicher europäischer Theologe nur in bezug auf Jesus und die ihm von Gott gegebene Weisheit sehen. Nein, es steckt viel mehr dahinter, nämlich wie bereits erwähnt in bezug auf seine Mutter und den Ersatz für ihre kritische Situation gegenüber ihren Angehörigen.

Kehren wir nun zu den koranischen Aussagen in Sure 3 wieder zurück. Dort heißt es in Vers 51: „Gott ist mein und euer Herr. Dienet ihm! Das ist ein gerader Weg“. Hier fordert Jesus die Menschen auf, Gott zu dienen und nicht ihm selbst. Daraus ist klar und eindeutig zu entnehmen, dass Gott und Jesus zwei verschiedene Persönlichkeiten sind. Wie man auf die Idee kommt, in Jesus Gott zu sehen, ist für jeden Nichtchristen völlig unverständlich.

Mag sein, dass in einer Zeit, in der die Erdscheibe das gesamte Universum darstellte und man sehr wenig von Gottes Schöpfung wusste, diese Personifizierung Gottes in Christus gepasst hat. Wo man heute aber weiß, dass unsere eigene Galaxie aus 150 Milliarden Sonnen besteht und im Kosmos viel mehr Galaxien als einzelne Sterne vorkommen, so erhält diese kirchliche Darstellung der Inkarnation Christi in ihrer Beziehung zum Individuum eine immer tiefer werdende Kluft. Es geht also nicht um Christus, sondern viel mehr um Gott.

Wer ist dieser Gott nach dem islamischen Verständnis? Die 112. Sure beantwortet diese Fragestellung kurz und prägnant. „1 Sag: Er ist Gott, ein Einziger, 2 Gott, durch und durch (er selbst)(?) (w. der Kompakte) (oder: der Nothelfer(?), w. der, an den man sich (mit seinen Nöten und Sorgen) wendet, genauer: den man angeht?). 3 Er hat weder gezeugt, noch ist er gezeugt worden. 4 Und keiner ist ihm ebenbürtig". Hier wird die Einzigkeit Gottes bzw. sein Wesen in wenigen Worten angedeutet. An vielen anderen Stellen im Koran werden andere Eigenschaften Gottes geschildert. Er ist außerdem der Schöpfer aller Dinge und in keiner Weise von seiner Kreatur Mensch erfassbar. Gleichgültig welches Werk man in der Natur anschaut, immer erkennt man eine gewisse Harmonie gleichsam als einen Fingerabdruck Gottes in seinem Werk. Man muß feststellen, dass menschliche Gedanken, die korrekt sind, in sich eine gewisse Harmonie aufweisen, was bedeutet, dass man sich in der Einheit des Ganzen befindet und deshalb dies als einen Indikator für die Richtigkeit dieser Gedanken erkennen kann. Deswegen darf man niemals die Liebe Gottes, die über Jesus überbracht worden ist, als von Jesus ausgehende Liebe darstellen. Im Gegenteil, gerade er hat diese Gottesliebe als erster erfahren dürfen. Er verdient Respekt für diese Überbringung der göttlichen Liebe. Es darf aber nicht der Botschafter Gottes mit Gott verwechselt werden. Eine solche gedankliche Disharmonie in der Darstellung Jesu als „Gottes Sohn" bzw. als seine Inkarnation führt unweigerlich zu einer Diskrepanz im Glauben. Ein betender Mensch kann nur zu einem einzigen Gott beten und nicht zu einem Dreierkomplex.

Die Botschaft Jesu kann nicht anders sein als theozentrisch, da sie grundsätzlich in Übereinstimmung mit der Botschaft der Thora sowie allen anderen Propheten vor ihm ist. An dieser Stelle muß erwähnt werden, dass laut Deuteronomium 13, 1-4, der Echtheitsbeweis für einen Propheten darin liegt, wenn er die Menschen zu dem Glauben an den Einzigen Gott aufruft. „1 Wenn ein Prophet oder Träumer unter euch wird aufstehen und gibt dir ein Zeichen oder Wunder, 2 und das Zeichen oder Wunder kommt, davon er dir gesagt hat, und er spricht: Laß uns andern Göttern folgen, die ihr nicht kennt, und ihnen dienen; 3 so sollst du nicht gehorchen den Worten des Propheten oder Träumers; denn der HERR, euer Gott, versucht euch, daß er erfahre, ob ihr ihn von ganzem Herzen liebhabt. 4 Denn ihr sollt dem HERRN, eurem Gott, folgen und ihn fürchten und seine Gebote halten und seiner Stimme gehorchen und ihm dienen und ihm anhangen".

Die Aufgaben der christlichen Botschaft werden in der 3. Sure, Vers 52 und 53, erwähnt, in denen Jesus selbst spricht: „52 Als Jesus aber fand, dass sie ungläubig waren, sagte er: "Wer sind meine Helfer (auf dem Weg?) zu Gott?" Die Jünger sagten: Wir sind die Helfer Gottes. Wir glauben an ihn. Bezeuge, daß wir (ihm) ergeben sind!" Dass jeder der Gesandten Gottes seine Helfer benötigt, ist einleuchtend. In diesem Vers befindet sich die Manifestierung der Jünger Christi.

„53 Herr! Wir glauben an das, was du (als Offenbarung) herabgesandt hast, und folgen dem Gesandten. Verzeichne uns unter der Gruppe derer, die (die Wahrheit) bezeugen!" Der koranische Kommentar lautet dazu: „Der Gläubige schwört nicht nur, an Gott zu glauben und den von ihm gezeigten Weg zu gehen, sondern zugleich auch, den Gesandten Gottes in Wort und Tat zum Vorbild zu nehmen. Dieser Gedanke kehrt im Verlaufe dieser Sure immer wieder. – Die Jünger bitten Gott, sie in die Reihen der Bezeuger seiner Religion aufzunehmen. Das heißt, sie in ihrer Aussage zu unterstützen, wahrhafte Vertreter ihres Glaubens zu werden, um nach dessen Prinzipien eine darauf basierende Gesellschaft gründen zu können" (Die Bedeutung des Korans Bd. 1, München 1996, 160).

Zu den konkreten Aufgaben, mit denen Jesus beauftragt wurde, zählt wie aus dem folgenden Vers der 5. Sure zu entnehmen ist,

a) Die Bestätigung der Thora, was vor Jesus war und

b) Die Offenbarung des Evangeliums.

„46 Und wir ließen hinter ihnen (d.h. den Gottesmännern der Kinder Israels) her Jesus, den Sohn der Maria, folgen, dass er bestätige, was von der Thora vor ihm da war (oder: was vor ihm da war, nämlich die Thora (?)). Und wir gaben ihm das Evangelium, das (in sich) Rechtleitung und Licht enthält, damit es bestätige, was von der Thora vor ihm da war (oder: was vor ihm da war, nämlich die Thora?), und als Rechtleitung und Ermahnung für die Gottesfürchtigen".

Hierin ist nicht nur eine Anerkennung des Evangeliums (arab. Al-Engil), sondern vielmehr ein Beweis seiner abrahamischen historischen Manifestierung durch die islamische Glaubenslehre enthalten. Wie Sure 5, 47 zeigt, werden die Christen als die Leute des Evangelium (Ahl Al-Engil) bezeichnet. „Die Leute des Evangeliums (d.h. die christlichen Schriftgelehrten?) sollen (nun) nach dem entscheiden, was Gott darin herabgesandt hat. Diejenigen, die nicht nach dem entscheiden, was Gott (als Offenbarungsschrift) herabgesandt hat, sind die (wahren) Frevler". Bei dieser Übersetzung sind tatsächlich die „Leute des Evangeliums" (Ahl Al-Engil), d.h. alle Christen, und nicht nur die christlichen Schriftgelehrten gemeint. Hierin liegt auch eine Aufforderung an die Besitzer dieser Heiligen Schrift, sich nach dessen Inhalt zu richten. Die Bezeichnung des Evangeliums im Koran hat zwei Formen, wie bereits erwähnt, „Al-Engil" oder „Al-Kitab" (das Buch).

Damit sich der Leser ein Bild von der koranischen Darstellung über die Erwähnung des Evangeliums machen kann, sind alle Stellen mit „Al-Engil“ im folgenden erwähnt.

Verse in Sure 3 über das Evangelium

„3 Er hat die Schrift mit der Wahrheit auf dich herabgesandt als Bestätigung dessen, was (an Offenbarungsschriften) vor ihr da war. Er hat auch die Thora und das Evangelium herabgesandt, 4 (schon) früher, als Rechtleitung für die Menschen. Und er hat die Rettung (?) herabgesandt. Diejenigen, die an die Zeichen Gottes nicht glauben, haben (dereinst) eine schwere Strafe zu erwarten. Gott ist mächtig. Er läßt (die Sünder) seine Rache fühlen“.

„48 Und er wird ihn die Schrift, die Weisheit, die Thora und das Evangelium lehren“. „65 Ihr Leute der Schrift! Warum streitet ihr über Abraham, wo doch die Thora und das Evangelium erst nach ihm herabgesandt worden sind? Habt ihr denn keinen Verstand?“ Die Leute der Schrift sind in diesem Fall die jüdischen Rabbiner und die Christen, die sich darüber gestritten haben, ob Abraham ein Jude oder ein Christ sei.

Verse in Sure 5 über das Evangelium

„46 Und wir ließen hinter ihnen (d.h. den Gottesmännern der Kinder Israels) her Jesus, den Sohn der Maria, folgen, dass er bestätige, was von der Thora vor ihm da war (oder: was vor ihm da war, nämlich die Thora (?)). Und wir gaben ihm das Evangelium, das (in sich) Rechtleitung und Licht enthält, damit es bestätige, was von der Thora vor ihm da war (oder: was vor ihm da war, nämlich die Thora?), und als Rechtleitung und Ermahnung für die Gottesfürchtigen".

„66 Und wenn sie die Thora und das Evangelium, und was (sonst noch) von ihrem Herrn (als Offenbarung) zu ihnen herabgesandt worden ist, halten würden, würden sie (dereinst im Paradies (?) Früchte zu greifen und) zu essen bekommen, wo sie nur wollten (w. über sich und unter ihren Füßen). Unter ihnen gibt es eine Gruppe, die einen gemäßigten Standpunkt vertritt (?). Aber schlimm ist, was viele (andere) von ihnen tun".

„68 Sag: Ihr Leute der Schrift! Ihr entbehrt (in euren Glaubensanschauungen) der Grundlage, solange ihr nicht die Thora und das Evangelium, und was (sonst noch) von eurem Herrn (als Offenbarung) zu euch herabgesandt worden ist, haltet. Was von deinem Herrn (als Offenbarung) zu dir herabgesandt worden ist, wird sicher viele von ihnen in ihrer Widersetzlichkeit und ihrem Unglauben noch bestärken. Mach dir wegen des Volkes der Ungläubigen keinen Kummer!"

„110 (Damals) als Gott sagte: 'Jesus, Sohn der Maria! Gedenke meiner Gnade, die ich dir und deiner Mutter erwiesen habe, (damals) als ich dich mit dem heiligen Geist stärkte, so dass du (schon als Kind) in der Wiege zu den Leuten sprachst, und (auch später) als Erwachsener, und (damals) als ich dich die Schrift, die Weisheit, die Thora und das Evangelium lehrte,..."

Vers in Sure 7 über das Evangelium

„157 (denen) die dem Gesandten, dem heidnischen Propheten, folgen, den sie bei sich in der Thora und im Evangelium verzeichnet finden,...". Was hier mit „heidnisch“ übersetzt worden ist, (arab. ummi), ist leider von Paret falsch übersetzt. Es heißt nämlich korrekt „Analphabet“ und gemeint ist damit der Prophet Mohammed.

### Vers in Sure 9 über das Evangelium

„111 Gott hat den Gläubigen ihre Person und ihr Vermögen dafür abgekauft, daß sie das Paradies haben sollen. Nun müssen sie um Gottes willen kämpfen und dabei töten oder (w. und) (selber) den Tod erleiden. (Dies ist) ein Versprechen, das (einzulösen) ihm obliegt, und (als solches) Wahrheit (?) (so wie es) in der Thora, im Evangelium und im Koran (verzeichnet ist). Und wer würde seine Verpflichtung eher halten als Gott?...“

### Vers in Sure 48 über das Evangelium

„29...So werden sie (schon) in der Thora beschrieben. Und im Evangelium werden sie mit Getreide verglichen, dessen Triebe Gott (w. er) (aus dem Boden) hervorkommen und (immer) stärker werden läßt, worauf es verdickt und aufrecht auf den Halmen steht (oder: im Evangelium werden sie mit einem Getreidefeld verglichen, das seine Triebe (aus dem Boden) hervorkommen und (immer) stärker werden läßt, worauf sie verdicken und aufrecht auf den Halmen stehen),...“

### Vers in Sure 57 über das Evangelium

„27 Hierauf ließen wir hinter ihnen her unsere (weiteren) Gesandten folgen. Und wir ließen Jesus, den Sohn der Maria, folgen und gaben ihm das Evangelium, und wir ließen im Herzen derer, die sich ihm anschlossen, Milde Platz greifen...“

Vers in Sure 19 über das Evangelium als Buch

„30 Er sagte: 'Ich bin der Diener Gottes. Er hat mir die Schrift gegeben und mich zu einem Propheten gemacht".

Im oben erwähnten Vers 30 der 19. Sure, ist die Sprache vom Buch, womit das Evangelium gemeint ist. Es wäre jedoch absolut falsch, an dieser Stelle zu glauben, dass Jesus ein Buch in die Hand bekommen hat, wie manche christliche Theologen das annehmen. Sie meinen, dass der Prophet Mohammed die Evangelienharmonie Tatians für das Evangelium Jesu der Christen gehalten hat. Sowohl Jesus als auch Mohammed haben die Heiligen Bücher in Form von Eingebungen, die sie an ihre Freunde bzw. Anhänger weitergaben, erhalten. Der Begriff „Al-Koran" heißt wörtlich „das zu Lesende". Daß hier natürlich ein Buch gemeint ist, liegt klar auf der Hand. Jeder weiß aber, dass die einzelnen Suren durch Eingebung entweder in Mekka (mekkanische Suren) oder in Medina (medinensische Suren) vom Propheten Mohammed empfangen worden sind. Das Buch mit der Kodifizierung der einzelnen Suren entstand aber erst in der Epoche des Kalifen Othman (Kalif 644—656) ca. 15 Jahre nach dem Tod des Propheten im Jahr 632.

In Arabien wurde schon zu Lebzeiten des Propheten vom Koran als Buch gesprochen, obwohl es zu dieser Zeit konkret noch nicht existierte. Gerade innerhalb der Theologie reicht das ganzheitliche Denken nicht aus, um die Wahrheit des Überlieferten zu erfassen. Es bedarf vielmehr eines Hineindenkens in das soziale Umfeld und vor allem in die Denkstruktur der damaligen Zeit. Leider wenden manche abendländische Mentalitäten beispielsweise das analytische Denken an, das innerhalb der Naturwissenschaften zwar Erfolge gebracht hat, aber im Bereich der Theologie geradewegs in die falsche Richtung führt. Denken allein ist ein Teil der geistigen Kraft. Gepaart aber mit Gefühl und Intuition sowie dem Versuch, sich in die Zeit zu versetzen, in der die Gesandten Gottes gelebt haben, erst dann, wenn alles das vollzogen ist, hat man nach bestem Wissen und Gewissen gehandelt. Jeder Theologe, gleichgültig, welcher Religion er angehört, ist vor sich selbst und vor Gott angehalten, seine gesamte geistige Energie in den Dienst der Sache Gottes zu stellen. Ein Besuch in Jerusalem oder Bethlehem heute wird gerade jedem christlichen Theologen so viel vermitteln, was er an keiner Universität außerhalb der christlichen heiligen Stätten erlernen kann. Nicht umsonst bildet die Pilgerfahrt für die Muslime die fünfte Säule der islamischen Riten.

Das höchste Gut, was Gott über seine Gesandten der Menschheit vermittelt hat, ist seine Botschaft, gleichgültig, in welcher Form das ist. Eine Bestätigung hierfür findet man in Sure 3, 48. „Und er wird ihn die Schrift, die Weisheit, die Thora und das Evangelium lehren". Die Gläubigen sind dann verpflichtet, diese göttliche Schrift an ihre Nachkommenschaft nach bestem Wissen und Gewissen in reinster Form weiterzuvermitteln. Genau hier liegt die Problematik des Evangeliums. Jesus sprach aramäisch. Die ersten Schriften, die über ihn geschrieben worden sind, wurden ca. 50 Jahre später von Paulus, einem Judenchristen, in griechischer Sprache verfasst. An dieser Stelle möchte ich nicht auf die historische Problematik der Entstehung des Neuen Testaments eingehen. Man denke an die apokryphen Evangelien...usw. Es ist nicht meine Aufgabe als Muslim, diese historischen Diskrepanzen zu behandeln. Ich darf aber in einem solchen Werk auf diese Probleme aufmerksam machen. Die Motivation dafür verdanke ich manchen Studenten in den Vorlesungen, die aus ureigenem Interessen fachfremd an den Veranstaltungen teilnehmen. Einige von ihnen fragen mich danach, wie man zum Islam konvertieren kann. Diese Fragestellung schmerzt mich sehr, weil, wie man aus diesem Buch entnimmt, die christliche Botschaft genauso eine göttliche wie die islamische ist.

Was mich als in Deutschland lebender Muslim bewegt, der sich seit mehr als 30 Jahren mit dem christlich-islamischen Dialog befasst, speziell was die Konvivenz von Christen und Muslimen betrifft, ist die Furcht davor, dass manche Muslime die Entstehung des Evangeliums als Beweis für die Ungläubigkeit der Christen nehmen. Man behauptet, man hätte das Jesus von Gott gegebene Buch absichtlich historisch verfälscht und damit gehören die Christen zu den Ungläubigen. Dass dieses Problem uns Muslime absolut nichts angehe und es eine Angelegenheit zwischen den Christen und Gott sei, wollen viele von uns nicht akzeptieren. Es ist auch eine gewisse Blasphemie von uns Muslimen, wenn wir über die Gläubigkeit anderer ein Urteil fällen.

Zusammenfassend ist Jesus laut koranischen Aussagen ein Gesandter Gottes, der durch Gottes Wort entstanden ist, wobei ich hier an dieser Stelle erwähnen muß, dass es für den Muslim gar keine Zweifel darüber gibt, denn von der Verlobung von Jesu Mutter oder von ihrer Verheiratung mit irgend jemandem (Josef) ist im Koran kein Wort erwähnt worden. Die Aufgaben Jesu sind die gleichen wie die des Moses, wenn es darum geht, den Menschen den geraden Weg zu zeigen und Gottes Wort zu verkünden. Die Aufgaben Jesu unterscheiden sich jedoch insofern von den mosaischen, wenn es um die göttliche Didaktik geht. Die Vorschriften Gottes für das mosaische Volk, was beispielsweise die Speisevorschriften betrifft, sind aus der Sicht der Anhänger Moses sehr gut annehmbar in Anbetracht der Tatsache, dass sie von der ägyptischen Sklaverei herkamen. Jesus aber überbrachte der Menschheit nicht nur eine symbolische Auflockerung der Gebote Gottes, sondern viel mehr, nämlich seine Liebe und vor allem die

Annahme Gottes der gesamten Menschheit. Jesus war außerdem in der Lage, durch Gottes Willen eine Menge Wunder zu vollbringen. Diese fungierten als ein Beweis dafür, dass er in der Tat ein Gottesgesandter ist.

### *3. 4 Das „Ableben“ Jesu*

Da der Koran ein spirituelles religiöses Buch ist, kann man von ihm nicht erwarten, dass er konkrete Hinweise auf das Ableben von Jesus enthält. Er macht auch keine Andeutungen darüber, wo und wie Jesus stirbt. Bevor ich auf dieses Kapitel speziell eingehe, möchte ich das allgemeine Thema „Sterben aus islamischer Sicht“ behandeln in Anbetracht der Tatsache, dass gerade die koranische Sprache eine sehr differenzierte sensible Art und Weise in ihren Verben beinhaltet. Viele Verben haben phonetisch eine sehr große Ähnlichkeit, aber absolut verschiedene Bedeutungen. In diesem Zusammenhang muß erwähnt werden, dass der Prophet Mohammed (geb. 570) in einer Zeit zur Welt kam, wo die großen Persönlichkeiten der Gesellschaft sich durch Sprachfähigkeiten von der Masse unterschieden haben.

In dieser Zeit waren gerade die Dichter die berühmtesten Menschen innerhalb der Gesellschaft. Damals hat man die sieben besten Gedichte des Jahres auf Seide gestickt und über die Kaaba gehängt. Deshalb sprach man von „Al-Muallaqat“, was „Die Hängenden (Gedichte)“ bedeutet. Deren Verfasser waren so lange die besten und berühmtesten Dichter, bis ihre Gedichte von anderen übertroffen wurden. Mit dieser Situation hatte der Prophet Mohammed absolut nichts zu tun gehabt. Die koranischen Verse, die er empfing, ließen alle anderen Dichtungen absolut erblassen geschweige denn der theologische Inhalt, der von keinem anderen Gedicht jemals erwähnt worden war. Für manche Mekkaner war das der Beweis dafür, dass diese Verse göttlich sind. Dieser sprachliche Exkurs ist für das Verständnis dieses Kapitels notwendig.

Islamisch gesehen muß jeder Mensch sterben. Der Beleg hierfür findet sich in der 3. Sure, Vers 145: „Keiner kann sterben, außer mit Gottes Erlaubnis und nach einer befristeten Vorherbestimmung (w. Schrift). Wenn einer diesseitigen Lohn haben möchte, geben wir ihm (etwas) vom Diesseits. Und wenn einer jenseitigen Lohn haben möchte, geben wir ihm (etwas) vom Jenseits...“. Die hier erwähnte Vorherbestimmung Gottes ist extrem wichtig für die gesamte Lebenshaltung eines Muslims, denn der Tod ist für das islamische Verständnis nur ein Übergang vom Diesseits ins Jenseits.

In der 21. Sure, Vers 34 f. heißt es: „34 Und keinem Menschen vor dir haben wir Unsterblichkeit (w. Ewigkeit) verliehen. Wenn du nun stirbst, sollten sie dann ewig leben? 35 Ein jeder wird (einmal) den Tod erleiden. Und wir setzen euch mit Schlechtem und Gutem (gewissen) Prüfungen aus, um euch (damit) auf die Probe zu stellen. Und zu uns werdet ihr (dereinst) zurückgebracht“. Hieraus ist klar und deutlich zu entnehmen, dass kein Mensch vor dem Propheten Mohammed jemals unsterblich war.

Das würde bedeuten, dass Jesus doch gestorben ist, bevor er zu Gott abberufen wurde. Um die Sache differenzierter zu betrachten, muß man Vers 42 in der 39. Sure Rechnung tragen. Dort heißt es: „Gott beruft die Menschen (w. die Seelen) ab, wenn sie sterben, und diejenigen, die (noch) nicht gestorben sind, (vorübergehend) während sie schlafen. Diejenigen, deren Tod er beschlossen hat, hält er dann zurück, während er die anderen auf eine bestimmte Frist (wieder) freigibt (w. wegschickt). Darin liegen Zeichen für Leute, die nachdenken“. Dieser Vers wird von der Sunna un-

terstützt durch Hadith Nr. 6312 nach der Klassifizierung von Buchari. „.... Huzaifa berichtete: „Der Prophet, Gottes Segen und Friede auf ihm, pflegte, wenn er zu Bett gehen wollte, folgendes zu sagen: »In Deinem Namen sterbe ich, und lebe ich weiter.« Und wenn er aufstand, sagte er: »Alles Lob gebührt Gott, Der uns wieder ins Leben schickte, nachdem Er uns sterben ließ, und bei Ihm ist die Auferstehung«". Der Schlaf wird also dem Tod ähnlich angesehen. Man sagt auch, dass der Tod und der Schlaf Cousins seien oder der Schlaf ist die kleinere Form des Todes.
Hier erlaube ich mir folgenden kleinen Exkurs im bezug auf diese prophetische Behauptung, die am Anfang des 7. Jahrhunderts gemacht worden ist. Die aktuellsten Gehirnforschungen gerade im Bereich der Nahtoderfahrungen bestätigen diese Behauptung des Propheten. Die medizinische Annahme, dass das, was diese Menschen erfahren haben, nichts anderes sei als die letzten Reaktionen der Hirnneuronen unmittelbar vor ihrem Sterben ist in Amerika widerlegt worden. Dort waren Menschen wirklich hirntot gewesen und sie berichteten nach ihrer Reanimation von Lichttunneleffekten, die sie erlebt haben. Damit haben sie in der Tat die vorige Annahme, dass dies eine Reaktion der Neuronen sei, widerlegt, denn die Patienten waren in der Tat klinisch tot gewesen.

So gesehen muß die 1. These lauten, dass Jesus vor seiner Erhöhung zu Gott im Schlaf gestorben ist.

Die Artikulierung der Überschrift dieses Kapitels bereitet mir als Muslim sehr viel Unbehagen, denn Jesus existiert zwar nicht mehr auf der Erde, aber er lebt im Himmel noch weiter, wie ich das später belegen werde. Eine Differenzierung zwischen der islamischen und der christlichen Lehre ist in der Kreuzigung Jesu zu sehen, denn laut koranischen Aussagen wurde Jesus nicht gekreuzigt. Zu dieser Problematik heißt es in der später in Medina geoffenbarten Sure 3, Vers 55: „(Damals) als Gott sagte: 'Jesus! Ich werde dich (nunmehr) abberufen und zu mir (in den Himmel) erheben und rein machen, so daß du den Ungläubigen entrückt bist. Und ich werde bewirken, daß diejenigen, die dir folgen, den Ungläubigen bis zum Tag der Auferstehung überlegen sind. Dann (aber) werdet ihr (alle) zu mir zurückkehren. Und ich werde zwischen euch entscheiden über das, worüber ihr (im Erdenleben) uneins waret".

Der Begriff „abberufen" arab. „mutawaffika" in diesem Vers stellt in der islamisch-koranischen Auslegung nach dem koranischen Kommentar ein großes Problem dar. Das deutsche Wort „abberufen" im Sinn von tot sein heißt arabisch „mutawaffa", die infinitive Form dieses Verbes lautet „tawaffa". Über die Frage, wie Gott das in diesem Zusammenhang gemeint hat, ergeben sich folgende sinngemäße Meinungen:

„Qatada und andere meinen, daß Gott Jesus zunächst einmal zu sich in den Himmel erhoben hat, dann ‚tawaffa'. ‚tawaffa' ist hier in dem Sinne zu verstehen, daß Jesus Christus für den irdisch lebenden Menschen nicht mehr in der herkömmlichen Form des irdischen Bewußtseins existent ist.

Ali Ben Abi Talha Uher Ibn Abbas meint, daß Gott hier mit dem Satz ‚Ich werde dich (nunmehr) abberufen' den Tod Jesu gemeint hat.

Mohammad Ibn Ishaq über andere meint, daß Gott Jesus die ersten drei Stunden des Tages, an dem er zu Gott in den Himmel erhoben wurde, sterben ließ.

Ishaak Ben Bischr über Idris über Wahab meint, dass Gott Jesus drei Tage lang sterben ließ, dann schickte ihn Gott zu den Menschen, bevor er ihn in den Himmel erhob.

Mater Al Waraq meint, daß der Begriff ‚tawaffa' nicht im Sinne des Tot-Seins gemeint ist, sondern vielmehr im Sinne des ‚nicht mehr auf der Erde Existenten'. (Der Korankommentar von Ismael Ben Kuthair, Hrsg.: Die Al-Azhar-Jugend, Kairo 1980, Band 1, 366)

Die meisten neigen eher dazu, den Begriff „tawaffa" nicht im Sinne des Tot-Seins zu gebrauchen, sondern eher mit dem Zustand des Schlafens zu vergleichen. Als Bestätigung dieser Auslegung wird eine Gewohnheit Mohammads zitiert: Er pflegte nämlich, nachdem er ausgeschlafen hatte, folgenden Satz zu sagen: „Gott sei dank, daß Gott uns wieder auferweckt, nachdem wir gestorben waren."

Die Wurzel dieses Verbs ist „wfy". Als Adjektiv ergibt das die Bedeutung „treu". Hier muß die Frage auftauchen, was Treue mit dem Tod zu tun hat. Die Antwort lautet: Hier ist die Treue zum eigenen von Gott festgelegten und definierten Schicksal des Individuums gemeint. Als Mensch muß ich dem, was mir von Gott aufoktroyiert worden ist, die Treue erweisen. Diese Loyalität sollte das Individuum mit seiner Ergebung in den Willen Gottes freiwillig, sogar mit Freude, aufbringen können, denn der Tod ist nichts anderes als ein Übergang vom diesseitigen Leben ins Jenseits.

Aus der Vielfalt der Auslegungsmöglichkeiten der oben erwähnten Gottesaussage „(Damals) als Gott sagte: Jesus! Ich werde dich (nunmehr) abberufen und zu mir (in den Himmel) erheben ..." kann man schließen, dass Jesus zu Gott abberufen wurde, zumindest so, dass das für einen irdischen

Beobachter als Tod ausgelegt werden kann. Wichtig ist, dass er bei Gott weiterlebt. Der Beweis hierfür ist in Sure 5, 117f. im Gespräch zwischen Jesus und Gott manifestiert. „117 Ich habe ihnen nur gesagt, was du mir befohlen hast (nämlich): 'Dienet Gott, meinem und eurem Herrn!' Und ich war Zeuge über sie, solange ich unter ihnen weilte. Nachdem du mich abberufen hattest, warst du es, der auf sie aufpaßte. Du bist über alles Zeuge. 118 Wenn du sie bestrafst, so sind sie deine Diener (mit denen du tun kannst, was du willst). Und wenn du ihnen vergibst (steht das ebenfalls in deinem Belieben). Du bist der Mächtige und Weise“. In diesen beiden Versen legt Jesus Rechenschaft über seine irdischen Aufgaben bei Gott ab. Das bedeutet, dass Jesus bei Gott im Himmel weiterlebt.

Interessanterweise muß ich als Muslim erwähnen, dass unser Prophet Mohammed diese göttliche Gabe an Jesus nicht genossen hat. Er ist ganz normal im Jahr am 8. Juni 632 in Medina gestorben und dort bestattet worden. In diesem Tatbestand liegt die Lehre von der absoluten Souveränität des Allmächtigen. Man hätte nämlich davon ausgehen können, dass der Prophet Mohammed als Nachfolger Jesu in der abrahamischen Reihenfolge es eigentlich hätte besser haben sollen.

Ich muß mich davor hüten, eine eigene Auslegung in diese oben erwähnte Koranstelle „(Damals) als Gott sagte: Jesus! Ich werde dich (nunmehr) abberufen und zu mir (in den Himmel) erheben...“ hineinlegen zu wollen, denn ich könnte hierfür keine Verantwortung vor Gott übernehmen. Wie die Art und Weise des Abberufens durch Gott bzw. „mutawaffika“ konkret geschehen war, weiß nur der Allmächtige.

Abschließend möchte ich auf die Problematik der Wiederkunft Jesu aus islamischer Sicht eingehen. In der 43. Sure, Vers 57ff. wird darüber berichtet. „57 Und als (Jesus) der Sohn der Maria als Beispiel angeführt wurde, gingen deine Volksgenossen gleich laut und eifrig diskutierend darauf ein“. Gott spricht in diesem Vers mit dem Propheten Mohammed und erwähnt das Gespräch zwischen diesem und den ungläubigen Arabern.

In der offizielle Koranauslegung lautet es sinngemäß hierzu, dass die heidnischen Araber Jesus in dieselbe Kategorie wie ihre eigenen Götzen einordnen wollten und sie konnten nicht einsehen, wieso Jesus als besser angesehen werden sollte als diese. Sie stützten sich in ihrer Behauptung auf die trinitarische Darstellung Gottes bzw. auf die kirchliche Gottessohnschaft Jesu (vgl. Die Bedeutung des Korans Bd. 5, München 1996, 2388). „58 Sie sagten: 'Was ist (als Gegenstand der Verehrung) vorzuziehen (w. Was ist besser), unsere Götter oder er?' Sie führten ihn (d.h. Jesus; oder: es, d.h. das Beispiel) dir aber nur an, um zu debattieren (nicht um die Wahrheit zu erfahren). Nein, sie sind streitsüchtige Leute“.

Gott erkannte hier die Absicht der Ungläubigen und machte den Propheten darauf aufmerksam. Im koranischen Kommentar wird hierzu geschrieben: „Ihr Argument war mehr oder weniger folgendes: Der Koran sagt aus, dass Jesus lediglich ein Mensch war – dennoch betrachteten ihn die Christen, die in ebendiesem Koran als ‚Anhänger früherer Schriften’ (ahl al-kitab) bezeichnet werden, als göttlich. Haben wir dann nicht eher ein Recht, unsere Engel zu verehren, die doch einem menschlichen Wesen sicher überlegen sind? – Die Fehlerhaftigkeit dieses ‚Argumentes’ wird im folgenden Vers aufgedeckt (vgl. Die Bedeutung des Korans Bd. 5, München 1996, 2388). „59 Er ist (in Wahrheit) nichts anderes als ein Diener (von uns), dem wir (besondere) Gnade erwiesen, und den wir zu einem Beispiel für die Kinder Israels gemacht haben. 60 Wenn wir wollten, würden wir (so wie wir Jesus durch unser Schöpferwort haben entstehen lassen?) aus euch

Engel hervorgehen lassen(?) (w. würden wir aus euch Engel machen), die (euch dann) auf der Erde nachfolgen würden. 61 Und er (d.h. Jesus (oder: der Koran?)) ist ein Erkennungszeichen (w. Wissen) der Stunde (des Gerichts). Seid deshalb ja nicht im Zweifel über sie und folgt mir! Das ist ein gerader Weg".

In der Antwort Gottes auf die Araber, die sich darüber beklagten, warum Jesus besser sein soll als ihre eigenen Götter, wird Jesus genau definiert als Diener, der von Gott eine besondere Gnade erwiesen bekam. Die eigentliche Problematik über die Wiederkunft Jesu befindet sich in Vers 61, wo es heißt: „Und er (d.h. Jesus (oder: der Koran?)) ist ein Erkennungszeichen (w. Wissen) der Stunde (des Gerichts)". Arabisch wurde dieser Vers wie folgt beschrieben: wa innahu la ilmun li-s-sa ati. „innahu" bedeutet „dass er". Auf wen sich dieses Pronomen „er" bezieht, übersetzt Paret mit sowohl „Jesus" als auch „der Koran". Grammatikalisch korrekter bezieht sich dieses Pronomen auf Jesus, weil Gott gerade von ihm spricht. Ob Jesus die Stunde (wann der Jüngste Tag kommt) kennt oder er selbst eine Erkenntnis darüber ist, kann aus der arabischen Sprache des Verses nicht entnommen werden. Im offiziellen Kommentar heißt es dazu: „Dies wird als Bezugnahme auf das zweite Erscheinen Jesu in den letzten Tagen unmittelbar vor der Auferstehung verstanden, wenn er falsche Lehren vernichtet, die in seinem Namen verbreitet werden, und den Weg für die allgemeine Annahme des Islam bereitet, die Botschaft der Einheit und des Friedens, den geraden Weg des Koran.

Während die meisten Kommentatoren das Pronomen hu auf Jesus beziehen, bringen es einige auch mit dem Koran in Verbindung und verstehen den obigen Satz im Sinne von: ‚Diese (göttliche Schrift) ist in der Tat ein Mittel zu wissen, (dass) die letzte Stunde (kommen muß).' Dies soll in diesem Zusammenhang die letztendliche Verantwortlichkeit des Menschen vor seinem Schöpfer betonen und damit die Tatsache, dass unsere Verehrung nur Ihm allein gebührt, deshalb folgt dieser Satz als eine Art Einschub logisch auf die Erwähnung der Vergötterung Jesu“ (Die Bedeutung des Korans Bd. 5, München 1996, 2389). Wie man sieht, vertreten islamische Kommentatoren dieses Verses die Ansicht, dass Jesus eine eschatologische Aufgabe zu erfüllen hat. Viele christliche Exegeten sehen in diesem Vers ebenfalls einen Hinweis auf die Rückkehr Jesu am Ende der Zeit.

In der schiitischen und sufistischen islamischen Darstellung ist die Rede vom Kommen des Mahdi. Für die Schiiten ist er der erwartete 12. Imam, der dafür sorgt, dass der Islam die Oberhand über den Globus gewinnen wird. Die Annahme von manchen christlichen Theologen, dass dieser Mahdi der Messias sein wird, ist nicht korrekt.

Zur Problematik der Kreuzigung heißt es konkret in der 4. Sure, Vers 157f.: „157 und (weil sie) sagten: 'Wir haben Christus Jesus, den Sohn der Maria und Gesandten Gottes, getötet.' - Aber sie haben ihn (in Wirklichkeit) nicht getötet und (auch) nicht gekreuzigt. Vielmehr erschien ihnen (ein anderer) ähnlich (so daß sie ihn mit Jesus verwechselten und töteten). Und diejenigen, die über ihn (oder: darüber) uneins sind, sind im Zweifel über ihn (oder: darüber). Sie haben kein Wissen über ihn (oder: darüber), gehen vielmehr Vermutungen nach. Und sie haben ihn nicht mit Gewißheit getötet (d.h. sie können nicht mit Gewißheit sagen, daß sie ihn getötet haben). 158 Nein, Gott hat ihn zu sich (in den Himmel) erhoben. Gott ist mächtig und weise“.

Nach dem koranischen Kommentar heißt es sinngemäß zu diesem Vers: „Gott ärgerte sich über die Juden, die hier behaupten, daß sie Jesus Christus, den Sohn der Maria, den Gesandten Gottes, umgebracht haben. Die unumstößliche Wahrheit ist die, daß sie ihn weder getötet noch gekreuzigt haben. Denjenigen, den sie kreuzigten und töteten, war einer, der ihm ähnelte. Sie stritten sich hinterher darüber, ob es sich bei dem Gekreuzigten wirklich um Jesus handelte und sie sind sich alle absolut nicht im klaren darüber, ob es sich wirklich um Jesus Christus handelte. Die Wahrheit ist aber, dass sie etwas behaupten, wovon sie wirklich keine Ahnung haben und sie haben Jesus niemals getötet" (Korankommentar von Al Muntachab, vom Gremium des Korans und der Sunna, Kairo 1979, S. 139).

Die Ähnlichkeit dessen, der an Jesu Stelle den Kreuzestod starb (Sure 4, 157), ist von ungeheuerlicher Wichtigkeit, d.h. dass der Christ, der an den Kreuzestod Christi glaubt, absolut im Recht ist. Das impliziert den Willen Gottes, dass die Christen eben dies glauben.

Die 2. These über den Tod Jesu muß lauten, dass er in dem Sinne abberufen wurde, in dem Gott ihn von der Erde lebendig wegnahm (rafa ahu Allah ilaihi) und zu sich erhöhte. Beide Thesen sind bei den Koranauslegern vertreten.

Ich hoffe, dass der christliche Leser die Wichtigkeit Marias und erst recht ihres Sohnes Jesus für uns Muslime anhand der bisher aufgeführten koranischen Verse erkannt hat. Dieser Tatbestand ist sehr wichtig für einen christlich-islamischen Dialog. Gerade der Prozeß der Globalisierung macht diesen interreligiösen Dialog unter der Bewahrung der jeweiligen religiösen Identität nicht nur notwendig, sondern es ist eher ein Stück geistiger Pluralismus, der eine Bereicherung für beide Seiten bedeuten kann.

## 4. *Gemeinsamkeiten zwischen koranischen und biblischen Aussagen über Maria und Jesus als elementare Grundlagen eines interreligiösen Dialogs*

In den vorigen Kapiteln habe ich die bedeutendsten Aussagen über die Herkunft Jesu und deren historische Problematik (siehe Kap. über die Abstammung Jesu) besprochen. Da aber Jesus die wichtigste Person der christlichen Lehre darstellt und zugleich eine zentrale Persönlichkeit für den Islam bildet, möchte ich auf die Aussageparallelen beider Heiliger Bücher aus folgenden Gründen eingehen:

1. Jesus ist für das islamische Verständnis nicht nur ein Gesandter Gottes, der sein Wort verkündet hat, sondern er gilt auch als eine Bestätigung der vorangegangenen Gottesbotschaft des Moses. Jesus manifestiert aber nicht nur die Lehre des Moses, sondern er ergänzt sie auch.

2. Genauso wie Moses frühere Botschaften Gottes bestätigte, so bestätigt Mohammad die christliche Botschaft Jesu und ergänzt sie.

Da die alttestamentlichen Hinweise auf Jesus von den Juden nicht gern akzeptiert wurden, so werden wohl die Christen die Ergänzung ihrer eigenen Lehre durch den Propheten Mohammad auch nicht so gern sehen wollen. Hier haben wir es mit der historischen Problematik der abrahamischen Religionen zu tun, d.h. jeder Angehörige einer abrahamischen Religion geht davon aus, dass der eigene Glauben die einzige Wahrheit darstelle. Dies wäre akzeptabel, wenn man annähernd eine Vorstellung von der absoluten Wahrheit hätte. Gerade die Naturwissenschaft zeigt uns, dass jede Wahrheit, die man erreicht hat, eine zeitgebundene Erkenntnis darstellt. Wendet man diesen Sachverhalt auf alle Religionen an, so muß man erkennen, dass das annähernde Erreichen der absoluten Wahrheit eine Bündelung aller theologischen Energien im Guten fordert. Nur dann in gegenseitiger Akzeptanz und Liebe (siehe Jesu Weg als Fingerzeig Gottes) wäre die Wahrscheinlichkeit am größten, eventuell die absolute Wahrheit zu erreichen. Eine friedliche Konvivenz im Diesseits wäre dann ein Abfallprodukt einer solchen intelligenteren Vorgehensweise als der bisherige Weg. Diese Bemühungen würde Gott, davon bin ich überzeugt, wohlwollend sehen und wir dürfen hoffen, dass Er auch das Seinige uns dazu gibt.

Trotz seiner Offenbarungen haben wir es bis jetzt nicht verstanden, seine Zeichen der Liebe richtig zu interpretieren. Leider steht jedem von uns das „eigene verflixte Ego“ im Wege des eigenen Glücks. Als Muslim habe ich meine eigene islamische Glaubenslehre nach dem 18. Lebensjahr durch das Zusammenleben mit Christen in Deutschland erst bewusster wahrgenommen.

Den folgenden Koranvers (Sure 5, 48) habe ich gerade im Laufe meines Aufenthalts in einem christlichen Land und in zahlreichen Gesprächen mit christlichen und jüdischen Theologen begriffen: „...Und wenn Gott gewollt hätte, hätte er euch zu einer einzigen Gemeinschaft gemacht. Aber er (teilte euch in verschiedene Gemeinschaften auf und) wollte euch (so) in dem, was er euch (d.h. jeder Gruppe von euch) (von der Offenbarung) gegeben hat, auf die Probe stellen...“. Ich habe mich als Kind in Ägypten immer gefragt, warum Gott seine Omnipotenz nicht einsetzt, um aus Juden, Christen und Muslimen und auch den Angehörigen der nichtabrahamischen Religionen eine einzige Gemeinde zu machen, denn so er hätte uns doch vieles erspart. Während meines Aufenthalts in der Diaspora erkannte ich jedoch, dass die verschiedenen Gemeinden einen Teil des göttlichen Reichtums darstellen, weil der Kontrast unter ihnen für jeden das, was eigen ist, verdeutlicht. Mit anderen Worten stellen diese Botschaften Judentum, Christentum und Islam eine großartige Großzügigkeit in Gottes Angebot dar. Ich frage mich nur, wann wir untereinander laut oben zitiertem Vers im Guten zu wetteifern beginnen, um die Probe im oben erwähnten Vers zu bestehen.

Zur Prophezeiung der Geburt Jesu heißt es im Neuen Testament, Mt 1, 18 - 25:

„18 Mit der Abstammung Jesu Christi verhielt es sich so: Nach der Verlobung seiner Mutter Maria mit Joseph stellte es sich, bevor sie zusammengekommen waren, heraus, daß sie vom Heiligen Geist schwanger war. 19 Ihr Mann Joseph aber, rechtschaffen wie er war.. wollte sie nicht öffentlich in Schande bringen und entschloß sich daher, sich in aller Stille von ihr zu trennen. 20 Doch wie er das noch erwog, siehe, da erschien ihm ein Engel des Herrn im Traum und sagte: ‚Joseph, Sohn Davids, schrick nicht davor zurück, Maria als deine Frau zu dir zu nehmen Denn das Leben, das in ihr erzeugt ist, stammt vom Heiligen Geist. 21 Sie wird einen Sohn gebären, dem du den Namen <Jesus> geben sollst; denn: er wird sein Volk von ihren Sünden erretten.' 22 Dies alles ist geschehen, damit das Wort des Herrn in Erfüllung gehe, wie es durch den Propheten ausgesprochen worden ist: 23 Siehe, die Jungfrau wird schwanger werden und einen Sohn gebären, und man wird ihm den Namen Immanuel geben, das heißt übersetzt: Gott ist mit uns. 24 Als Joseph vom Schlaf erwacht war, tat er so, wie ihn der Engel des Herrn geheißen hatte: Er nahm seine Frau zu sich, 25 er hatte keinen Umgang mit ihr, bis sie einen Sohn gebar, und er gab ihm den

Namen Jesus“, (Das Neue Testament. Übersetzt und kommentiert von Ulrich Wilckens, Zürich 1980, S. 16 f).

Der wichtigste Inhalt dieses Zitates aus dem Matthäusevangelium ist der letzte Satz von Vers 20, in dem es heißt: „denn das Leben, das in ihr erzeugt ist, stammt vom Heiligen Geist“. Diese Prophezeiung vom Engel, wie es aus dem gleichen Text zu entnehmen ist, wird im Koran in der 3. Sure, Vers 45, bestätigt. Da heißt es: „(Damals) als die Engel sagten: ‚Maria! Gott verkündet dir ein Wort von sich, dessen Name Jesus Christus, der Sohn der Maria, ist! ...“

Dass Jesus hier, wie aus den beiden Aussagen hervorgeht, die Realisierung des Wortes Gottes ist, darüber gibt es meiner Meinung nach gar keine Zweifel in beiden Religionen. Ich meine, dass diese Wahrheit eines der wichtigsten und elementarsten Zeichen, das Gott in Jesus der Menschheit, insbesondere Juden, Christen und Muslimen, vermittelt hat, darstellt. Der Beweis dieser Realität, der zugleich in zwei Heiligen Büchern manifestiert wurde, müßte zumindest einen der Hauptpfeiler einer Kommunikationsbrücke zwischen der christlichen und der islamischen Religion bilden.

Ein weiterer Anlaß zu einem Gespräch über diese beiden Stellen entsteht, wenn man die Art und Weise, wie die beiden Texte konkretisiert wurden, vergleicht. Würde ich mit einem kritischen jungen Christen die Stelle Mt 1,18 lesen: „Mit der Abstammung Jesu Christi verhielt es sich so: Nach der Verlobung seiner Mutter Maria mit Joseph stellte es sich, bevor sie zusammengekommen waren, heraus, daß sie vom Heiligen Geist schwanger war“, dann würde ich annehmen, daß Jesus Christus doch einen leiblichen Vater, nämlich den Josef, hat. Stünden Christen und Muslime in einem Dialog im positiven Sinne miteinander, dann könnte man den koranischen

Text, in dem von Verlobung und von Josef nichts vorkommt, als einen weiteren Beweis für die Wahrheit dafür nehmen, dass Jesus wirklich Gottes Wort ist, das durch den Heiligen Geist der Maria überbracht wurde.

Mit diesem kleinen Beispiel möchte ich nur sagen, das sowohl Christen als auch Muslime von der historischen Manifestierung des Evangeliums im Koran profitieren könnten. Die Parallelität mancher Inhalte in beiden Büchern, die, historisch gesehen, weit auseinanderliegen, verstärkt die Aussagekraft beider und damit wird die göttliche Wahrheit unterstützt.

Ein weiteres Problem für den christlichen kritischen Leser ergibt sich daraus, dass im Markus- und Johannesevangelium die Rede von den leiblichen Eltern und Geschwistern Jesu Christi ist. Dazu möchte ich die folgende Stelle im Markusevangelium, Mk 6, 3 f, zitieren: „3 Er ist doch der Sohn des Zimmermannes und der Maria, ein Bruder des Jakobus, Joses, Judas und Simon! Auch seine Schwestern sind hier bei uns! Sie nahmen Anstoß an ihm. 4 Doch Jesus sagte zu ihnen: ‚Nirgendwo gilt ein Prophet so wenig wie in seiner Vaterstadt und unter seinen Verwandten und in seinem eigenen Hause!“ Hier würde der Leser eine weitere Bestätigung dafür finden, dass Jesus Christus doch einen leiblichen Vater hat. Er könnte eine Bestätigung in Jesu Ausspruch finden: „Nirgendwo gilt ein Prophet so wenig wie in seiner Vaterstadt und unter seinen Verwandten“.

Als ein eindeutiges Korrektiv könnte man beispielsweise folgende Stelle aus dem Koran dem gegenüberhalten. In Sure 19, 21f. heißt es: „21 Er sagte: ‚So (ist es, wie dir verkündet wurde). Dein Herr sagt: (oder: So hat dein Herr (es an)gesagt.) Es fällt mir leicht (dies zu bewerkstelligen). Und (wir schenken ihn dir) damit wir ihn zu einem Zeichen für die Menschen machen, und weil wir (den Menschen) Barmherzigkeit erweisen wollen

(w. aus Barmherzigkeit von uns). Es ist eine beschlossene Sache.' 22 Da war sie nun schwanger mit ihm (d.h. dem Jesusknaben). Und sie zog sich mit ihm an einen fernen Ort zurück".

Dass Jesus von einer Jungfrau geboren ist, wird im Neuen Testament nur vereinzelt überliefert. Dieses Faktum läßt unweigerlich die Möglichkeit eines Zweifels an der Jungfrauengeburt Jesu zu. Dieser Zweifel darf meiner Meinung nach erst recht bei einem Christen des 21. Jahrhunderts niemals aufkommen, da ein solches Zeichen Gottes an die Menschheit in dieser Form noch nie dagewesen ist und mit größter Wahrscheinlichkeit nie mehr wiederkommen wird. Nicht vergessen, hier plädiert ein Muslim für Jesus!

Die Eigenschaften, mit denen Jesus von Gott ausgestattet war, sind koranisch manifestiert. Die Wunder, die Jesus in seinem Leben vollbrachte, stellen in beiden Büchern im wesentlichen dieselben dar. Als Bestätigung dieser Aussage darf ich hier folgende Zitate anführen. In Lukas 7, 12 - 15, steht geschrieben: „12 Als er sich dem Stadttor näherte, siehe, da trug man einen Toten heraus, den einzigen Sohn seiner Mutter, die selbst Witwe war. Ein langer Zug von Mitbewohnern aus der Stadt begleitete sie. 13 Als der Herr sie sah, ergriff ihn Erbarmen mit ihr, und er sagte zu ihr: ‚Weine nicht.' 14 Und er trat heran, rührte den Sarg an, und die Träger standen still. Da sagte er: ‚Jüngling, ich sage dir, steh auf!' 15 Da setzte sich der Tote auf und fing an zu reden; und er gab ihn seiner Mutter".

Außer diesen Wundern lassen sich eine ganze Reihe von weiteren Wundertaten schildern, z.B. Lk 7, 21 - 22: „21 Zur selben Stunde heilte Jesus viele von Krankheiten, Leiden und unreinen Geistern, und vielen Blinden schenkte er das Augenlicht. 22 So antwortete er ihnen: ‚Geht und berichtet

Johannes, was ihr gesehen und gehört habt: Blinde sehen, und Lahme gehen; Aussätzige werden rein, und Taube hören; Tote werden auferweckt, und Armen wird das Heil verkündigt:"

Dieses Zitat aus dem Neuen Testament habe ich vor allen anderen ausgesucht, weil eine große Anzahl der Wunder, die Jesus vollbrachte, hier aufgeführt ist. Dass diese Wunder Gottes nur geschehen konnten, weil Gott es so gewollt hat, läßt sich im Hebräerbrief 2, 4 bestätigen: „wobei Gott selbst es beglaubigt hat durch Zeichen und Wunder, durch vielfache Machttaten und Wirkungen des Heiligen Geistes, die er geschehen läßt, wo und wie er will!" (Das Neue Testament. bersetzt und kommentiert von Ulrich Wilckens, Zürich 1980, S. 230 f)

Eine Bestärkung dieser neutestamentlichen Aussagen läßt sich im Heiligen Buch der Muslime finden und zwar in der 3. Sure, Vers 49: „Und als Gesandter (Gottes) an die Kinder Israels (wies Jesus sich aus mit den Worten:) ‚Ich bin mit einem Zeichen von eurem Herrn zu euch gekommen (das darin besteht?), daß ich euch aus Lehm etwas schaffe, was so aussieht wie Vögel. Dann werde ich hineinblasen und es werden mit Gottes Erlaubnis (wirkliche) Vögel sein. Und ich werde mit Gottes Erlaubnis Blinde und Aussätzige heilen und Tote wieder lebendig machen. Und ich werde euch Kunde geben von dem, was ihr in euren Häusern eßt und aufspeichert (ohne es gesehen zu haben). Darin liegt für euch ein Zeichen, wenn anders ihr gläubig seid".

Eine weitere Wundertat Christi, die er dank Gottes Beistand vollbringen konnte, ist in Sure 5, 112ff. manifestiert. „112 (Damals) als die Jünger sagten: 'Jesus, Sohn der Maria! Kann dein Herr uns (wohl) einen Tisch (mit Speisen) vom Himmel herabsenden?' Er sagte: 'Fürchtet Gott, wenn (anders) ihr gläubig seid (und verlangt keine besonderen Wunderzeichen?)!' 113 Sie sagten: 'Wir möchten von ihm (d.h. von dem, was sich auf dem Tisch befindet) essen und ganz sicher sein und Gewißheit (darüber) haben (w. wissen), daß du uns die Wahrheit gesagt hast, und (wir möchten) über ihn (d.h. den Tisch) Zeuge sein.' 114 Jesus, der Sohn der Maria, sagte: 'Du unser Gott und Herr! Sende uns vom Himmel einen Tisch herab, der (mit seinem Mahl) für uns von jetzt an bis in alle Zukunft (?) (w. für den ersten und den letzten von uns) eine Feier und ein Zeichen von dir sein wird! Und beschere uns (Gutes)! Du kannst am besten bescheren.' 115 Gott sagte: 'Ich will ihn euch (nunmehr) hinabsenden. Und wenn einer von euch nachträglich (d.h. nachdem ich den Tisch hinabgesandt habe) nicht glaubt, werde ich ihn (dereinst) auf eine Weise bestrafen, wie ich (sonst) niemand in der Welt bestrafe".

Solche Berührungspunkte zwischen der Bibel und dem Koran laden dazu ein, sich endlich einmal auf einer neuen Ebene zu begegnen, einer Ebene des Sichverstehen-, des Miteinanderlebenwollens und nicht, wie bisher - ich denke dabei an die Zeiten der Kreuzzüge und des Wetteiferns, wer die beste Religion hat - des gegenseitigen Vernichtenwollens. Gerade in dieser Zeit, in der die Notwendigkeit des Miteinanderauskommenmüssens noch nie so groß war, bilden die beiden Lehren die Möglichkeit dazu.

Diese Situation des heranwachsenden Menschen sowohl innerhalb der christlichen als auch der islamischen Welt schreit buchstäblich nach einer glaubwürdigen religiösen Aussage innerhalb beider Religionen. Eine Potenzierung gegenüber diesen jungen Menschen ist nur dann gegeben, wenn man im Geist der beiden Lehren, und nur der reinen Lehren, miteinander kommuniziert.

Dass die Aussagen im Koran bzw. in der Bibel über Maria und Jesus nicht absolut deckungsgleich sind, zeugt nur von religiösen Grenzen, die es auch geben muß. Der Dialog soll schließlich nicht ein „Wischi-waschi"-Dialog sein nach dem Motto: „Wir glauben doch alle an dasselbe", so nicht!

Im folgenden Kapitel sollen die konkreten Grenzen zwischen Islam und Christentum klar und deutlich herausgearbeitet werden. Gerade hier haben wir hervorragende Anlässe, uns gegenseitig die eigenen Standpunkte zu lokalisieren ohne die Intention zu haben, sie irgendwo abschaffen zu wollen. Wir müssen diesen interreligiösen Dialog im Bewußtsein führen, es ist der Wille Gottes, dass es Juden, Christen und Muslime in ihrer historischen Reihenfolge mitsamt ihren Unterschieden gibt. Gerade solche konträren Aussagen in den Heiligen Schriften haben eine sehr wichtige Funktion, nämlich in der Diskussion darüber sich im Guten mit Gottes Sache zu befassen. Nur so ergibt sich für jede Seite eine Vertiefung in die eigene Glaubenslehre und damit eine Annäherung zu Gott für den Christen und für den Muslim, jeder auf seinem religiösen Weg. Das ist exakt die Erfahrung, die ich am eigenen Leibe mit meiner islamischen Glaubenslehre in der Diasporasituation in Deutschland mit christlichen deutschen Freunden gemacht habe.

## 5. *Unterschiedliche Aussagen über Maria und Jesus in den Heiligen Schriften*

Die größten Unstimmigkeiten zwischen koranischen und biblischen Aussagen lassen sich in folgenden fünf Punkten artikulieren:

1. Die Kreuzigung Jesu
2. Die Trinitätslehre der Kirche
3. Die Mariologie
4. Die Gottessohnschaft Jesu
5. Die Inkarnation Gottes in Jesus

Zur Kreuzigung Jesu sind die wesentlichsten koranischen Aussagen in Kapitel 3.4 „Das Ableben Jesu" bereits behandelt worden.

Nun möchte ich hier die wichtigsten koranischen Aussagen bezüglich der kirchlichen Trinitätslehre aufführen.

In der 5. Sure, Vers 72f. heißt es klar und unmißverständlich:
„72 Ungläubig sind diejenigen, die sagen: 'Gott ist Christus, der Sohn der Maria.' Christus hat (ja selber) gesagt: 'Ihr Kinder Israels! Dienet Gott, meinem und eurem Herrn!' Wer (dem einen) Gott (andere Götter) beigesellt, dem hat Gott (von vornherein) den Eingang in das Paradies versagt (w. das Paradies verboten). Das Höllenfeuer wird ihn (dereinst) aufnehmen. Und die Frevler haben (dann) keine Helfer. 73 Ungläubig sind diejenigen, die sagen: 'Gott ist einer von dreien.' Es gibt keinen Gott außer einem einzigen Gott. Und wenn sie mit dem, was sie (da) sagen, nicht aufhören (haben sie nichts Gutes zu erwarten). Diejenigen von ihnen, die ungläubig sind, wird (dereinst) eine schmerzhafte Strafe treffen".

Hier erkennt man, dass die Trinitätslehre vom Islam klar und eindeutig abgelehnt wird. Ich weiß zwar nicht, ob ein gläubiger Christ, wenn er betet, wirklich drei verschiedene, voneinander unabhängige Gottheiten gleichzeitig anbetet; ich neige dazu, es nicht zu glauben, denn es widerspricht dem natürlichen Gefühl des Menschen, ein Gefühl der Ehrfurcht gerecht auf drei Gottheiten verteilen zu können. Diejenigen, die mit „ungläubig“ im vorigen Zitat bezeichnet wurden, sind dann jene, die nach dem islamischen Verständnis zu drei Gottheiten zugleich beten würden. Bei diesem Problem fehlt es uns Muslimen an einer sehr wichtigen elementaren christlichen Information, die ich dank meines langen Aufenthalts in dieser christlichen Welt und meinem Interesse an Glaubensfragen erfahren habe, nämlich dass nach der kirchlichen Lehre diese drei, Gott Vater, Gott Sohn und der Heilige Geist, eine christliche Erscheinungsform Gottes sind.

Ich spreche hier bewußt von einer Information, da diese, wenn man offen und ehrlich ist, sehr schwer zu begreifen ist. Deshalb kann ich nicht von einem Lernvorgang sprechen. Ich stehe vermutlich mit diesem Problem nicht allein da, da es eine ganze Menge Christen gibt, die mit der gleichen Problematik zu kämpfen haben. Die krassen Gegensätze im Bereich des Selbstverständnisses beider Religionen könnten im Rahmen eines Dialogs gemildert werden.

Bei allem Verständnis und Toleranz, die man dieser christlichen Darstellung Gottes als Dreifaltiger entgegenbringt, wieso heißt es dann in Mt 4, 10, wie folgt: „...Du sollst anbeten Gott, deinen HERRN, und ihm allein dienen“. Oder in Lk 18, 19: „Jesus aber sprach zu ihm: Was heißest du mich gut? Niemand ist gut denn der einige Gott“. Diese Diskrepanz zwischen der Forderung Christi und der Trinitätslehre kann nur den Christenmenschen, dessen logisches Denkvermögen bereits in der Schule gefordert und trainiert wird, entweder zu einem schizophrenen Menschen, wenn er seinen Glauben beibehalten will, machen, oder er distanziert sich unbewusst von der Institution, um seinen Glauben an den einen Gott zu bewahren.

Eine weitere Bestätigung der Einzigkeit Gottes findet sich in Mk 12, 29f. „29 Jesus aber antwortete ihm: Das vornehmste Gebot vor allen Geboten ist das: ‚Höre Israel, der HERR, unser Gott, ist ein einiger Gott; 30 und du sollst Gott, deinen HERRN, lieben von ganzem Herzen, von ganzer Seele, von ganzem Gemüte und von allen deinen Kräften.' Das ist das vornehmste Gebot". Die islamische Darstellung von der Einzigkeit Gottes wird sogar, wenn man die letzten Bibelzitate sieht, eindeutig durch das Evangelium bestätigt.

Ein weiteres Beispiel für die Ablehnung sowohl der Inkarnation als auch der Trinitätslehre ist einem Gespräch zwischen Gott und Jesus Vers 116 der 5. Sure zu entnehmen: „116 Und (damals) als Gott sagte: 'Jesus, Sohn der Maria! Hast du (etwa) zu den Leuten gesagt: 'Nehmt euch außer Gott mich und meine Mutter zu Göttern!'?' Er sagte: 'Gepriesen seist du! (Wie dürfte man dir andere Wesen als Götter beigesellen!) Ich darf nichts sagen, wozu ich kein Recht habe. Wenn ich es (tatsächlich doch) gesagt hätte, wüßtest du es (ohnehin und brauchtest mich nicht zu fragen) (w. Wenn ich es gesagt habe, wußtest du es). Du weißt Bescheid über das, was ich (an Gedanken) in mir hege. Aber ich weiß über das, was du in dir hegst, nicht Bescheid. Du (allein) bist es, der über die verborgenen Dinge Bescheid weiß'".

Da es mir am Herzen liegt, die innerislamische Meinung unverfälscht bekanntzugeben, erfolgt die offizielle Kommentierung zu diesem Vers, wobei ich den Leser darum bitte, zwischen der Meinung des Autors und dieser Kommentierung zu differenzieren. „Hier handelt es sich **nicht**, wie vielfach fälschlich angenommen wurde, um ein .Missverständnis der Dreieinigkeit', sondern um den Tatbestand der Christolatrie, die ein offizieller Bestandteil der Lehre aller Großkirchen ist und im Koran an verschiedenen Stellen entschieden zurückgewiesen wird und der Mariolatrie. Letztere wird beispielsweise in folgendem Gebet von Catarina von Siena verdeutlicht: ‚O Maria, Maria, du Tempel der Dreieinigkeit! O Maria, du Trägerin des Feuers! Maria, du Darbieterin der Barmherzigkeit! Maria, du Gebärerin der Frucht! Maria, du Auslöserin des Menschengeschlechts, denn durch das Leiden deines Fleisches im Wort wurde die Welt losgekauft! Christus kaufte sie frei mit seinem Leiden und du mit dem Schmerz an Leib und Geist!' Das ‚Ave Maria' ist allgemein bekannt. Bemerkenswert ist, dass die Idealisierung Marias einhergeht mit einer Verteufelung der Frau bis hin zur Hexenverfolgung.

Der Begriff ‚Mutter Gottes' wurde zuerst von einigen Theologen in Alexandria geprägt. Obwohl dieser Begriff beim Volk großen Anklang fand, war die Kirche zunächst nicht geneigt, die Lehre zu akzeptieren, und erklärte die Marienverehrung für Irrglauben. Beim Konzil von Ephesus 431 n. Ch. wurde der Begriff schließlich offiziell von der Kirche benutzt. Infolgedessen verbreitete sich die Marienverehrung lawinenartig sowohl innerhalb als auch außerhalb der Kirche, bis zur Zeit der Offenbarung des Koran die Verehrung der ‚Mutter Gottes' die des ‚Vaters' und des ‚Heiligen Geistes' in den Schatten gestellt hatte. Statuen von ihr wurden in den Kirchen aufgestellt, und sie wurde verehrt, angebetet und angerufen. Als größte Quelle christlicher Zuversicht galt es, ihre Hilfe und ihren Schutz zu erlangen. Obwohl die Protestanten nach der Reformation alles daransetzten, die Marienverehrung zu bekämpfen, hängt die katholische

Kirche ihr immer noch an“ (Die Bedeutung des Korans Bd. 1, München 1996, 434). Dieses Zitat soll dem christlichen Leser verdeutlichen, dass die Entwicklungsgeschichte der Kirche innerhalb der islamischen Welt bewusst wahrgenommen wird. Gerade heutzutage, wo man vielen Muslimen im aktuellen Geschehen den Missbrauch der Religion vorwirft, wobei diese sich momentan nach jahrhundertelang andauernder Fremdherrschaft in einem Identitätsfindungsprozeß befinden, muß man erkennen, dass die einen aus Liebe zu Christus und die anderen in ihrer Hoffnungslosigkeit zwecks Selbsterhalt die Religion oft deplaziert gebrauchen. Es ist höchste Zeit geworden, die Interaktion zwischen Glauben, Individuum und Gesellschaft kritisch unter die Lupe zu nehmen, um falsche Motivationen zum Missbrauch von Ideologien zu erkennen. Dieser Prozeß erfordert ein gewisses Niveau an Bildung, was leider Gottes in der Dritten Welt in der dortigen sozialen Notlage sich als Luxus erweist.

Der folgende Vers 31 der 9. Sure schildert die Trinitätslehre aus der Sicht des Allmächtigen. „31 Sie haben sich ihre Gelehrten und Mönche sowie Christus, den Sohn der Maria, an Gottes Statt zu Herren genommen. Dabei ist ihnen (doch) nichts anderes befohlen worden, als einem einzigen Gott zu dienen, außer dem es keinen Gott gibt. Gepriesen sei er! (Er ist erhaben) über das, was sie (ihm an anderen Göttern) beigesellen“. Dieser Vers wird im offiziellen Korankommentar wie folgt kommentiert: „Die Verehrung von Priestern, Heiligen und Asketen ist eine Form des Aberglaubens, zu der die Menschen in jedem Zeitalter neigten. Die Entwicklung des jüdischen Aberglaubens ist aus dem Talmud ersichtlich; bei den Christen geht sie aus der Entwicklung der Dogmen von der Unfehlbarkeit des Papstes und der Heiligenverehrung hervor. Der bloße Gedanke eines gesonderten Priesterstandes, der zwischen Gott und Mensch steht und ‚die Sakramente verwaltet‘ widerspricht der Güte und allgegenwärtigen Gnade Gottes.

Vielgötterei war nicht auf die Polytheisten beschränkt. Die Vergötterung des Mariensohnes wird hier gesondert erwähnt, denn sie beeinflusst nach wie vor einen großen Teil der zivilisierten Menschheit“ (Die Bedeutung des Korans Bd. 2, München 1996, 773). Ergänzend dazu darf ich an die eigentliche Funktion Christi erinnern. Er war als das Zeichen der Barmherzigkeit Gottes zur Menschheit gekommen. Als Beispiel hierfür lockerte er sogar die Speisevorschriften der Juden. Durch die Einführung des Priesteramtes als ein Zwischenglied in der Interaktion des Individuums mit Gott wird dieses Zeichen der Barmherzigkeit zunichte gemacht.

„Ein berühmter Satz von Cyprian lautet: Extra ecclesiam nulla salus. Sundermeier spricht hier von einer Fehlentwicklung der christlichen Religion, daß die Kirche bewußt eine Grenze zieht zwischen Glaube und Unglaube und das Festhalten an Formalitäten, die die Zugehörigkeit der Menschen - wohlgemerkt zur Kirche und nicht zum Christentum - durch die Taufe definiert (vgl. Sundermeier 1996, 123). Dass hiermit ein Rückschritt zur Stammesreligion, wobei hier die Kirche die Rolle eines Stammes übernimmt, stattfindet, ist eindeutig zu entnehmen. „Die für die Stammesreligionen grundlegende Trennung von Innen und Außen, von Feind und Freund, die Jesus überwunden hat, wird erneut errichtet“ (ebd. 123). „Zwar vermittelt das Empfinden der Zugehörigkeit zu einer Gemeinschaft das Gefühl der Sicherheit, aber auch eine Portion Angst, die in Aggression ausarten kann gegenüber dem, was außerhalb steht bzw. gegenüber dem Fremden“(Ginaidi 2002, 28). Dieser oben erwähnte Ausspruch von Cyprian steht im Widerspruch zu dem, was Jesus laut Neuem Testament im Johannesevangelium, Kap. 14 von sich gegeben hat. „2 In meines Vaters Hause sind viele Wohnungen. Wenn es nicht so wäre, so wollte ich zu euch sagen: Ich gehe hin euch die Stätte zu bereiten. 3 Und wenn ich hingehe euch die Stätte zu bereiten, so will ich wiederkommen und euch zu mir nehmen, auf daß ihr seid, wo ich bin“.

Dieses zitierte „euch“ im 2. und 3. Vers beinhaltet nicht nur die Juden, sondern alle Menschen, die nicht nur zu seiner Zeit gelebt haben, sondern auch die, welche kommen werden. Hierin liegt die Manifestierung Jesu als ein Zeichen der Gottesliebe bzw. der Barmherzigkeit Gottes, um es islamisch zum Ausdruck zu bringen.

Nun möchte ich auf eines der größten Probleme zwischen den beiden Religionen, nämlich die Gottessohnschaft Jesu bzw. die Beziehung Gott - Jesus wie sie christlich zu verstehen ist und wie sie islamisch gesehen wird, eingehen. An dieser Stelle möchte ich noch einmal bekräftigen, dass es mir darum geht, alles, was über Maria und Jesus im Koran steht, in diesem Werk aufzuzeigen in der Hoffnung, dass der Leser dies im positiven Sinne für sich und für seine Beziehung zu Gott verarbeiten kann. In Sure 5, 17 heißt es: „Ungläubig sind diejenigen, die sagen: 'Gott ist Christus, der Sohn der Maria'. Sag: Wer vermöchte gegen Gott etwas auszurichten, falls er (etwa) Christus, den Sohn der Maria, und seine Mutter und (überhaupt) alle, die auf der Erde sind, zugrunde gehen lassen wollte (w. zugrunde gehen lassen will)? Gott hat die Herrschaft über Himmel und Erde und (alles) was dazwischen ist. Er schafft, was er will, und hat zu allem die Macht“. Die Sichtweise der islamischen Glaubenslehre zur Gottessohnschaft Jesu ist hiermit zum Ausdruck gebracht. Zu diesem Vers lautet der Kommentar wie folgt: „Der römische Kaiser Konstantin, der vom Heidentum zum Christentum übertrat, wählte ohne genauere Kenntnis des Christentums die letztere Ansicht. Er ließ seine Anhänger gegen ihre Widersacher kämpfen und vertrieb die Anhänger anderer Glaubensrichtungen, insbesondere diejenigen, die an die alleinige Gottheit des Vaters und die menschliche Natur Jesu glaubten.

Jesus brachte von seinem Herrn das Bekenntnis zur Einzigkeit Gottes, das alle Propheten gebracht hatten. Und dieses monotheistische Bekenntnis lebte nach seiner Zeit in seinen Schülern und ihren Anhängern fort. Eines der zahlreichen Evangelien, die damals geschrieben wurden, war das ‚Barnabas'-Evangelium, das von Jesus als einem Gesandten Gottes spricht. Später kam es zu Meinungsverschiedenheiten. Die einen sagten: Jesus ist ein Gesandter Gottes wie die übrigen Gesandten. Andere dagegen sagten: Er ist zwar ein Gesandter, hatte aber eine besondere Verbindung mit Gott. Wieder andere meinten: Er ist Gottes Sohn, weil er ohne Vater geschaffen wurde; er ist aber dennoch ein Geschöpf Gottes. Und schließlich behaupten einige: Er ist Gottes unerschaffener Sohn, mit ewigen Eigenschaften wie der Vater. Aus dieser letzteren Ansicht entwickelte sich die Lehre von der Dreieinigkeit aus ‚Vater', ‚Sohn' und ‚Heiligem Geist', die vom Koran zurückgewiesen wird“ (Die Bedeutung des Korans Bd. 1, München 1996, 359). Bei der Überprüfung der historischen Fakten, die hier kommentiert worden sind, waren alle Angaben korrekt. Konstantin kam tatsächlich zu einer Zeit, als der Streit zwischen den Monarchianern und den Apologeten herrschte. Er berief das Konzil von Nicäa im Jahr 325 ein. Dort wurde zum ersten Mal die Trinitätslehre als Dogma manifestiert.

Die koranische Reaktion auf die Dreieinigkeitslehre ist Sure 5, 75f. zu entnehmen: „75 Christus, der Sohn der Maria, ist nur ein Gesandter. Vor ihm hat es schon (andere) Gesandte gegeben. Und seine Mutter ist eine Wahrhaftige (?). Sie pflegten (als sie noch auf der Erde weilten, wie gewöhnliche Sterbliche) Speise zu sich zu nehmen. Sieh, wie wir ihnen (d.h. den Christen, die diese falschen Ansichten vertreten) die Verse (w. Zeichen) klar machen! Und dann sieh, wie verschroben sie sind (so dass sie trotz aller Belehrung kein Einsehen haben)! 76 Sag: Wollt ihr an Gottes Statt etwas verehren, was euch weder zu schaden noch zu nützen vermag? Gott ist der, der (alles) hört und sieht. 77 Sag: Ihr Leute der Schrift! Treibt es in eurer Religion nicht zu weit (und sagt nichts aus) außer der Wahrheit! Und folgt nicht der (persönlichen) Neigung von Leuten, die (schon) früher irregegangen sind und viele irregeführt haben und vom rechten Weg abgeirrt sind!"

Für das Christentum ist die Gottessohnschaft Jesu einer der elementarsten Glaubenspfeiler. Die beiden Religionen sind darin einig, dass Jesus das Wort Gottes ist, das als Zeichen für die Menschheit gegeben worden ist und nun ist es unvermeidlich, folgende Frage zu stellen: Welche Beziehung gibt es zwischen einem ausgesprochenen Wort und dem Sprecher dieses Wortes? Hellenistisch-philosophisch gesehen gibt es da eine gewisse Identität beider, dem Wort und dem, der das Wort ausspricht, da ja dieses Wort nichts anderes darstellt als das Artikulieren der Gedanken des Sprechers. Allgemein ausgedrückt, ein bestimmter Gedanke erhält eine andere Form. Der Zweck dieser Umformung liegt in der Ermittlung dieses Gedankens. Man könnte noch weitergehen, indem man sagt: Dieser ausgesprochene Gedanke ist ein Teil des Sprechers und damit wird Jesus mit Gott identisch. Hier muß die Frage gestellt werden, ob die Anwendung dieser hellenistischen Struktur auf die Denkart und -weise von Jesus und seinen Jüngern, die ihn erlebt haben, berechtigt ist.

Nach den folgenden Bibelzitaten, die die Beziehung zwischen Gott und Jesus beschreiben und bestätigen, bleibt mir nichts anderes übrig, als es zu akzeptieren, da ja das Evangelium (Al-Engil) laut koranischen Aussagen eine Heilige Schrift ist, die von Gott herniedergesandt worden ist. Was der

Träger dieser Heiligen Schrift aus ihr historisch gemacht hat, ist eine Angelegenheit zwischen ihm und Gott.

Folgender Dialog zwischen Jesus und den Juden, der in Joh 8, 51 - 59, überliefert wird, hebt eindeutig die Identität Jesu mit Gott hervor:

„51 Amen, Amen, ich sage euch: Wenn jemand mein Wort bewahrt, wird er auf ewig den Tod nicht sehen. 52 Die Juden entgegneten: ‚Jetzt ist es uns klar, daß du besessen bist! Abraham und die Propheten sind gestorben, und du sagst: Wenn jemand mein Wort bewahrt, so wird er auf ewig den Tod nicht schmecken! Bist du etwa größer als unser Vater Abraham, der gestorben ist?' 54 Jesus erwiderte: ‚Wenn ich mich selbst verherrliche, so ist es nichts mit meiner Herrlichkeit. Doch mein Vater ist es, der mich verherrlicht. Ihr behauptet von ihm: <Er ist unser Gott>, 55 aber ihr habt ihn nicht erkannt. Ich aber kenne ihn. Würde ich sagen, ich kenne ihn nicht, so würde ich euch gleich sagen: ein Lügner. Aber ich kenne ihn und bewahre sein Wort. 56 Abraham, euer Vater, sah meinem Tag mit Jauchzen entgegen; und er hat ihn gesehen und freut sich.' 57 Da sagten die Juden zu ihm: ‚Du bist noch keine fünfzig Jahre alt und willst Abraham gesehen haben?' 58 Jesus antwortete: ‚Amen, Amen, ich sage euch: Bevor Abraham geboren wurde, bin ich.' 59 Da hoben sie Steine auf und wollten sie nach ihm werfen. Jesus aber verbarg sich und verließ den Tempel" (Das Neue Testament. Übersetzt und kommentiert von Ulrich Wilckens, Zürich 1980, S. 344 f).

Über die Gottessohnschaft Jesu ist im Text Lk 1, 34 f, eine Bestätigung zu finden: „34 Maria aber sagte zu dem Engel: ‚Wie soll das geschehe können? Ich habe ja doch mit keinem Mann Umgang!' 35 Der Engel antwortete: ‚Der Heilige Geist wird über dich kommen, und die Kraft des

Höchsten wird dich überschatten. Durch solche Zeugung wird (dein Kind) heilig sein und Gottes Sohn heißen".

In den beiden oben genannten Zitaten ist die Beziehung zwischen Gott und Jesus Christus so eng verknüpft dargestellt, dass die Grenzen zwischen beiden aufgehoben worden sind.

Nun möchte ich die koranischen Aussagen über die Gottessohnschaft Jesu zitieren. Ich bitte den Leser darum, diese Zitate nicht als eine Art Korrektiv zu verstehen, sondern als eine sachliche Information wahrzunehmen. Der Sinn meines Vorgehens liegt darin, einen Versuch zu unternehmen, in dem jeder zunächst den Inhalt der Religion des anderen zur Kenntnis nimmt. Ich kann nur hoffen, dass diese Rezeption nicht zu einer negativen Reaktion führt, sondern vielmehr einen Gegenstand von Kommunikation bilden wird.

Zur Beziehung zwischen Gott und Jesus heißt es im Koran in der 2. Sure, Vers 253: „Das sind die (Gottes)gesandten (der früheren Generationen und Volksgemeinschaften). Wir haben die einen von ihnen vor den anderen (durch besondere Gnadenerweise) ausgezeichnet. Mit einem (oder: einigen) von ihnen hat Gott (unmittelbar) gesprochen. Einigen von ihnen hat er einen höheren Rang verliehen (als den anderen). Und Jesus, dem Sohn der Maria, haben wir die klaren Beweise gegeben und ihn mit dem Heiligen Geist gestärkt. Und wenn Gott gewollt hätte, hätten diejenigen (die in den Generationen) nach ihnen (lebten) einander nicht bekämpft, nachdem sie die klaren Beweise erhalten hatte. Aber sie wurden uneins. Die einen von ihnen waren gläubig, die anderen ungläubig. Und wenn Gott gewollt hätte, hätten sie einander nicht bekämpft. Aber Gott tut, was er will".

Hier ist es eindeutig, dass Gott Jesus mit dem Heiligen Geist gestärkt hat. Darunter ist zu verstehen, dass alle Wundertaten, die von Jesus vollbracht worden sind, eben durch die oben erwähnte Bekräftigung durch den Heiligen Geist bewirkt wurden. Unter dem Heiligen Geist ist im islamischen Sinne der Erzengel Gabriel zu verstehen. Trotz dieses Verses ist die Grenze zwischen Gott und Jesus eindeutig und klar definiert. Wegen der absoluten Wichtigkeit und Eindeutigkeit ihrer Aussage möchte ich die 112. Sure noch einmal aufführen:

„Im Namen des barmherzigen und gnädigen Gottes. 1 Sag: Er ist Gott, ein Einziger, 2 Gott durch und durch (er selbst) (?) (w. der Kompakte) (oder: der Nothelfer (?), w. der an den man sich (mit seinen Nöten und Sorgen) wendet, genauer: den man angeht?). 3 Er hat weder gezeugt, noch ist er gezeugt worden. 4 Und keiner ist ihm ebenbürtig".

Bei dieser Übersetzung hat sich Paret buchstäblich überschlagen, denn der Leser wird meiner Meinung nach stark irritiert durch Parets Bemühungen, den Inhalt der Sure möglichst inhaltstreu zu übermitteln. Die nachkommende Übersetzung von Max Henning steht meiner Meinung nach dem Wesen der Sure im Original näher. Deshalb möchte ich sie zitieren:

„Im Namen Gottes, des Erbarmers, des Barmherzigen! 1. Sprich: Er ist der eine Gott, 2. Der ewige Gott; 3. Er zeugt nicht und wird nicht gezeugt, 4. Und keiner ist ihm gleich" (Der Koran. Übertragung von Max Henning, Stuttgart 1976, 595).

Aus dieser Sure muß man entnehmen, dass Gott mit der Person Jesus nicht zu identifizieren ist. Für das islamische Verständnis ist Gott weder gezeugt worden noch hat er jemanden gezeugt und keiner ist ihm gleich.

Diese Gleichheit mit Gott bezieht sich nach der islamischen Auffassung auf alle erdenklichen Gebiete. Hier von einer Identität oder von einer Sohnschaft zwischen Gott und Jesus zu sprechen ist nach dem islamischen Verständnis eine Blasphemie. Um der islamischen oder überhaupt Gottes Vorstellung etwas näher zu kommen, soll die Thronrede in Sure 2, Vers 255 aufgeführt werden. Würde der Leser beim Lesen dieses Verses an die aktuellsten naturwissenschaftlichen Erkenntnisse denken, so würde er eher begreifen, worauf es hier ankommt. „ Gott (ist einer allein). Es gibt keinen Gott außer ihm. (Er ist) der Lebendige und Beständige. Ihn überkommt weder Ermüdung noch Schlaf. Ihm gehört (alles), was im Himmel und auf der Erde ist. Wer (von den himmlischen Wesen) könnte - außer mit seiner Erlaubnis - (am jüngsten Tag) bei ihm Fürsprache einlegen? Er weiß, was vor und was hinter ihnen liegt. Sie aber wissen nichts davon - außer was er will. Sein Thron reicht weit über Himmel und Erde. Und es fällt ihm nicht schwer, sie (vor Schaden) zu bewahren. Er ist der Erhabene und Gewaltige“. Das Wissen Gottes über das, was vor ihnen und hinter ihnen liegt, bezieht sich auf die Kenntnisse über das Zukünftige und das Vergangene im Lebenslauf eines jeden Menschen.

An die Adresse der Christen, die in Jesus Christus mehr sehen wollen als einen Menschen, der von Gott gesandt worden ist und mit dem Heiligen Geist gestärkt wurde, ist folgender Vers aus der 4. Sure, Vers 172, gerichtet: „Christus wird es nicht verschmähen, ein (bloßer) Diener Gottes zu sein, auch nicht die (Gott) nahestehenden Engel. Und wenn einer es verschmäht, Gott (w. Ihm) zu dienen, und (zu) hochmütig (dazu) ist, (hat das nichts zu bedeuten). Er wird sie (d.h. die Menschen) (dereinst) alle zu sich versammeln“.

Kurz gefaßt kann man sagen, das der Islam zwischen Gott und seinen Gesandten von Abraham bis Mohammad, Jesus mit eingeschlossen, eine klare eindeutige Grenze zieht. Die heiligste Aufgabe der islamischen Lehre liegt darin, darüber zu wachen, dass der Absolutheit Gottes durch niemand und nichts Abbruch getan wird.

## 6. *Möglichkeiten eines gegenseitigen Verständnis als Kommunikationsgrundlage*

In diesem Kapitel haben wir es mit zwei konträren Auffassungen, nämlich der islamischen und der christlichen Auffassung, zu tun. Untersucht man die Inhalte näher, dann wird man feststellen, dass es sich hier um eine Problematik handelt, die den Standpunkt des Menschen Gott gegenüber in beiden Positionen artikuliert.

Der Christ sucht die Beziehung zu einem personifizierten Gott, während der Muslim zwar einen persönlichen Bezug ebenfalls dringend braucht, aber er sieht in dieser Interaktion eine Gnade Gottes, die vom Allmächtigen allein kommen kann oder auch nicht, ohne darauf bestehen zu müssen, daß der Omnipotente in seinem „Wesen" – ich hoffe, hier keine Sünde durch meine Artikulationsweise begangen zu haben - eine Person darstellt oder nicht. Ich meine nämlich, dass jeder Versuch, Gott zu personifizieren, eine Versuchung darstellt, indem der Mensch mit seiner Schwäche eine Konkretisierung des Allgegenwärtigen anstrebt. Damit wäre unweigerlich eine unbewusste Gotteserfassung gegeben. Ließe er sich begreifen, so stünde er auf der Ebene des Donnergottes, aus dem man später einen Sklaven in Form von Elektrizität machte.

Darin sehe ich den menschlichen Versuch, Gott menschliche Modalitäten zu verleihen, die mit den eigentlichen Eigenschaften Gottes nach dem islamischen Verständnis nichts zu tun haben könnten. Wie oft wird der Mensch mit Situationen konfrontiert, die er psychologisch nicht verkraften kann und meint damit, Gott habe ihm Unrecht angetan. Der größte Nachteil dessen liegt darin, dass diese Beziehung schnell zu Bruch gehen kann, weil sich Gott doch nicht so menschlich verhält wie erwartet wurde.

Die Vermenschlichung des Allmächtigen bedeutet entweder eine Herabsetzung Gottes auf die Ebene der Kreatur oder der tiefsitzende Wunsch der Kreatur, sich auf die Ebene Gottes anzuheben. Gerade dieser Punkt war für mich persönlich in meiner Situation als Ausländer in Deutschland von größter Bedeutung. Ich weiß von der Heimat her, dass gerade Jesus die Krone der Demut darstellte. Er setzte sich für die Schwachen, Armen und die Aussätzigen ein. Meine Begrüßung eines Christenmenschen in Form eines Deutschen auf der Straße in Deutschland führte häufig zu einem „Schock" bei ihm. Er schaute mich verständnislos an und sah so aus, als ob er mich überprüfen würde. Seine eigene Fragestellung an sich selbst, die sein Blick mir verriet, lautete: „Wieso begrüßt dieser Fremde mich überhaupt?" Er erwiderte die Begrüßung hastig, mechanisch und unpersönlich als ob er gerade eine äußerst lästige unangenehme Aufgabe erfüllt hätte. Dieses Bild eines „modernen Christen" war die erste schockierende Erfahrung, die ich in Deutschland gemacht habe.

Eine Begrüßung in den Dritt- und Viertländern ganz unabhängig von der islamischen Glaubenslehre bedeutet nichts anderes als ein persönliches Anklopfen bei meinem Gegenüber. Es begegnet dieser rein menschlichen Aktion mit Anstand und Höflichkeit, indem es unabhängig von seiner seelischen Situation eine freundliche Miene zwecks Begegnung mit dem anderen an den Tag legt, um die Begrüßung zu erwidern. Nicht umsonst sagte unser Prophet Mohammed eines Tages, dass der Glaube sich im Umgang mit den Mitmenschen ausdrückt. Gerade in diesem Umfeld des Individuums ist die Demut, die religiös bedingt ist, dem anderen gegenüber als Ausdruck der eigenen Höflichkeit die einzige Ebene, die dringend im Diesseits geübt werden muß, um sie später Gott gegenüber einsetzen zu dürfen.

Ich sehe persönlich in der oben kurz angeschnittenen Problematik im Bereich der religiösen Beziehung Mensch - Gott einen der wichtigsten Schätze, den die Menschheit haben kann, um in Positiven miteinander zu sprechen, ohne die privateste Gottesbeziehungen beider Religionsgemeinschaften anzutasten. Beide, sowohl der Christ als auch der Muslim, brauchen eine Beziehung zu Gott. Jeder von ihnen benötigt eine Gotteserfahrung, gleichgültig, ob positiv oder negativ. Wichtig ist dabei, dass der Mensch darin eine Gotteserfahrung erkennt. Dieses Faktum muß im Rahmen eines Dialoges beiden Parteien bewusst gemacht werden. Zu dieser Realität kommt noch ein weiterer Faktor, nämlich die gemeinsame negative Erfahrung, die sowohl Christen als auch Muslime bisher auf historischer Ebene durchgemacht haben.

Man denke dabei an das Goldene Zeitalter der drei abrahamischen Religionen von 711 bis 1492, die Zeit der Mauren auf der Iberischen Halbinsel, in der das Fundament des Fortschritts Europas auf vielen Ebenen der Wissenschaft gelegt worden ist. Nach der Vertreibung der Muslime aus Spanien setzte in Europa ein Prozeß der religiösen Identitätsfindung ein. Ohne auf die islamische Errungenschaften dieser Zeit für Europa einzugehen war alles Jüdische und Islamische für die Europäer verpönt. Es begann die Zeit der Inquisition und Hexenverbrennung. Man wollte mit aller Gewalt eine „christliche“ Lebensweise wieder einführen. Die Folge war die Kirchenspaltung und kurz darauf setzte der 30jährige Krieg ein, gefolgt historisch gesehen von zwei Weltkriegen, wobei zum ersten Mal Atombomben gegen Menschen eingesetzt wurden. Ohne auf die Erfindung der Konzentrationslager der Buren in Südafrika oder die Rassendiskriminierung in Amerika einzugehen, muß ich mich heute fragen, wo der Glaube an Christus geblieben ist.

In dieser Zeit befanden sich die arabisch-islamischen Länder mit dem Beginn der Othmanischen Herrschaft am Anfang des 14. Jahrhunderts, die in der Zeit des 1. Weltkriegs durch Engländer und Franzosen abgelöst wurde, bis ca. 1950 in einem identitätsentfremdenden Prozeß. Die Hinterlassenschaft dieser Kolonialzeit führte zu politischen, wirtschaftlichen und Bildungsnotständen bis zum heutigen Tag. Die Muslime befinden sich heute also in einem Identitätsfindungsprozeß, der leider Gottes teilweise zum religiösen Fanatismus in vielen Gebieten geführt hat.

Woher wollen wir wissen, ob diese geschichtlichen Tatsachen nicht vielleicht gottgewollt sind und dennoch etwas Positives dahinter gesteckt haben könnte? Man müßte es auf einen Versuch ankommen lassen.

Aus islamischer Sicht steht hinter allem, was geschieht und was nicht geschieht, auch der Wille Gottes. Woher wollen wir Christen und Muslime wissen, ob die heutige katastrophale Situation unseres Planeten vielleicht doch ein Zeichen Gottes für uns alle ist, gemeinsam zu probieren, das Unheil, in dem wir uns alle zur Zeit befinden, zum Guten zu wenden?

Abschließend möchte ich erwähnen, dass aus islamischer Sicht sehr wichtige Ansatzpunkte eines Entgegenkommens im Heiligen Buch, dem Koran, erwähnt worden sind, z.B. die Art und Weise, wie sich Gottes Botschaft an die Menschen in jüdischer, christlicher und islamischer Prophezeiung aufgliedern läßt. Hinzu kommen die positiven Aussagen des Koran, die bereits in dieser Abhandlung erwähnt worden sind, über Maria, die Mutter Jesu, nach deren Namen ein ganzes Kapitel (19. Sure) im Koran benannt worden ist. Sie ist außerdem die einzige Frau, die namentlich im Koran erwähnt worden ist. Zudem werden die jungfräuliche Geburt Jesu und die Stellung Jesu bei Gott koranisch manifestiert und bekräftigt. Ich muß hier noch einmal betonen, dass das Heilige Buch der Christen ein Teil der Heiligen Schrift gemäß dem 3. islamischen Glaubensartikel, wie dies die folgenden Koranverse bestätigen, ist. In Sure 5, 110 heißt es: „...und (damals) als ich dich die Schrift, die Weisheit, die Thora und das Evangelium lehrte,...". Sure 25, 35 lautet: „Und wir haben doch (seinerzeit) dem Mose die Schrift gegeben und ihm seinen Bruder Aaron als Helfer zur Seite gestellt". Diese beiden Verse definieren den Begriff der Heiligen Schrift für die Muslime. Eine weitere Bestätigung dieser Aussage und vor allem die Manifestierung der Gleichheit aller Gesandten Gottes Ihm gegenüber wird im folgenden Vers 136 der 2. Sure verdeutlicht: „Sagt: ‚Wir glauben an Gott und (an das), was (als Offenbarung) zu uns, und was zu Abraham, Ismael, Isaak, Jakob und den Stämmen (Israels) herabgesandt worden ist, und was Mose und Jesus und die Propheten von ihrem Herrn erhalten haben, ohne daß wir bei einem von ihnen (den anderen gegenüber) einen Unterschied machen. Ihm sind wir ergeben". Man hätte hier erwarten können, dass der Prophet Mohammed als Überbringer der jüngsten Botschaft Gottes sich an die höchste Stelle der Gesandten Gottes setzen würde. Aber das ist nicht aus diesem Vers zu entnehmen, was bedeutet, dass der Prophet die Verse Gottes, die ihm übermittelt worden sind, unverfälscht weitergegeben hat. An dieser Stelle darf vermerkt werden, dass der letzte oben erwähnte Vers, der die Gleichheit der Gesandten Gottes manifestiert, das Fundament der islamischen Toleranz bildet, dem wir das Goldenen Zeitalter der drei abrahamischen Religionen auf der Iberischen Halbinsel verdanken.

Ein Gebot Gottes zum Dialog unter den Besitzern der Heiligen Schrift, Juden, Christen und Muslimen, darf hier nicht unerwähnt bleiben. In der 3. Sure, Vers 64, heißt es: „Sag: Ihr Leute der Schrift! Kommt her zu einem Wort des Ausgleichs (?) zwischen uns und euch! (Einigen wir uns darauf) daß wir Gott allein dienen und ihm nichts (als Teilhaber an seiner Göttlichkeit beigesellen, und daß wir (Menschen) uns nicht untereinander an Gottes Statt zu Herren nehmen. Wenn sie sich aber abwenden, dann sagt: ‚Bezeugt, daß wir (Gott) ergeben sind".

Der Satz „Sag: Ihr Leute der Schrift! Kommt her zu einem Wort des Ausgleichs ..." ist ein Gebot Gottes, das nicht nur an Muslime gerichtet ist, sondern eben an „die Leute der Schrift". Dieses Gebot fordert Juden, Christen und Muslime zu einem Wort des Ausgleichs auf. Klarer können die Signale Gottes, endlich zu einem gemeinsamen Dialog zu gelangen, nicht sein. Ein weiterer Gehalt des oben genannten Zitates liegt darin, dass wir, Juden, Christen und Muslime, im Rahmen dieses oben erwähnten Ausgleichswortes anfangen, uns gegenseitig bewusster wahrzunehmen, um gemeinsam die gegenseitigen Probleme zu erkennen und in geschwisterlicher Liebe sie anzugehen, damit unsere gemeinsamen Seelen, jede auf ihrem Weg, Gott gemeinsam huldigen dürfen.

Dieser Dialog, wie er von Gott befohlen ist, soll den Charakter eines Miteinander-Sprechens haben und nicht in irgendeinem anderen negativen Sinne zu verstehen sein. Es heißt hier „Ihr Leute der Schrift", was bedeutet, dass alle drei Religionen auf der gleichen Ebene stehen.

Ich bedanke mich für die Beendigung dieser Arbeit bei unser aller Gott!

# *LITERATURVERZEICHNIS*


***Abdullah, Muhammad Salim:*** Islam für das Gespräch mit Christen, Gütersloh 1992.

***Abdullah, Muhammad Salim:*** Was will der Islam in Deutschland? Gütersloh 1993.

***Abu Zaid, Nasr Hamid:*** Ein Leben mit dem Islam, Freiburg 1999.

***Al Buhari, Sahih:*** Nachrichten von Taten und Aussprüchen des Propheten Muhammad, Stuttgart 1991.

***Al Ghasali, Abu-Hamid Muhammad:*** Das Elixier der Glückseligkeit, München 1993.

***Brunner-Traut, Emma (Hg.):*** Die fünf großen Weltreligionen: [Islam, Judentum, Buddhismus, Hinduismus, Christentum], Freiburg 1999.

***Brunner-Traut, Emma:*** Die Stifter der großen Religionen, Freiburg 1994.

***Bucaille, Maurice:*** Bibel, Koran und Wissenschaft, München 1992.

***Bürgel, Johannes Christoph:*** Allmacht und Mächtigkeit, München 1991.

***Das Neue Testament:*** Übersetzt und kommentiert von Ulrich Wilckens, Zürich 1980

***Der Korankommentar:*** von Ismael Ben Kuthair, Hrsg: Die Al-Azhar-Jugend, Kairo 1980 (in arabischer Sprache)

***Der Koran:*** Übertragung von Max Henning, Stuttgart 1976

***Die Bedeutung des Korans:*** Bd. 1- 5, München 1996.

***Die Bibel:*** (mit Apokryphen oder die Ganze Heilige Schrift des Alten und Neuen Testaments) nach der Übersetzung Martin Luthers, Deutsche Bibelstiftung Stuttgart 1978

***Ginaidi, Ahmed:*** Voraussetzungen für einen interreligiösen Dialog zwischen Christen und Muslimen, Stuttgart 2002.

***Grünschloß, Andreas:*** Der eigene und der fremde Glaube, Tübingen 1999.

Hagemann, Ludwig: Was glauben die Christen? Freiburg 1991.

***Ibn Rassoul, Abu-r-Rida' Muhammad Ibn Ahmad:*** Auszüge aus Sahih Al-Buharyy, aus dem Arabischen übertragen und kommentiert von Abu-r-Rida' Muhammad Ibn Ahmad Ibn Rassoul, Köln 1989.

***Imbach, Josef:*** Wem gehört Jesus?, München 1989.

***Khoury, Adel Theodor (Hg):*** Lexikon religiöser Grundbegriffe, Graz 1987.
Korankommentar von Al Muntachab, vom Gremium des Korans und der Sunna, Kairo 1979 (in arabischer Sprache)
***Kreiser, Klaus/Diem, Werner/Majer, Hans Georg (Hg.):*** Lexikon der Islamischen Welt, Stuttgart 1974.
***Kuschel, Karl-Josef:*** Jesus in der deutschsprachigen Gegenwartsliteratur, München 1987.
***Lohse, Bernhard:*** Epochen der Dogmengeschichte, Stuttgart 1974.
***Maudoodi, Sayyid Abu-l-A'la:*** Weltanschauung und Leben im Islam, Leicester 1978.
***Nagel, Tilman:*** Geschichte der islamischen Theologie, München 1994.
***Pannenberg, Wolfhart:*** Anthropologie in theologischer Perspektive, Göttingen 1983.
***Paret, Rudi:*** Der Koran, Kommentar und Konkordanz, Stuttgart 1981.
***Paret, Rudi:*** Der Koran, Übersetzung von Rudi Paret, Stuttgart 1980.
***Schwarzenau, Paul:*** Der größere Gott, Stuttgart 1977.

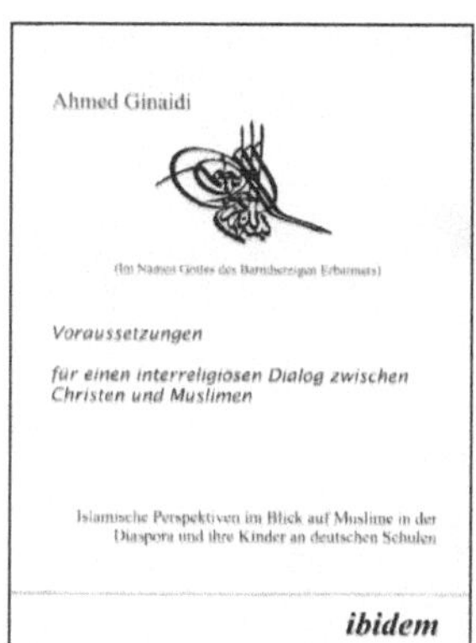


*Ahmed Ginaidi*

Voraussetzungen
für einen interreligiösen Dialog zwischen Christen und Muslimen

Islamische Perspektiven im Blick auf Muslime in der Diaspora und ihre Kinder an deutschen Schulen

ISBN 3-89821-174-6
290 S., Paperback
€ 34,80
Zu beziehen über jede Buchhandlung oder direkt bei
***ibidem***

Die Notwendigkeit eines interreligiösen Dialogs zwischen Christen und Muslimen wird heute oft genug und gerade mitten im Prozess der Globalisierung umso dringender benötigt. Die Geschehnisse in Amerika vom 11. September 2001 und ihre Folgen haben dem nur noch mehr Nachdruck verliehen. Nicht nur eine ganze Religion, sondern auch ihre Anhänger, mehr als eine Milliarde Menschen, laufen Gefahr, gerade dadurch in Verruf zu geraten.

Die vorliegende Arbeit behandelt die Aspekte eines interreligiösen Dialogs aus islamischer Sicht in der Hoffnung, dass der eigene Erfahrungsprozess, den der Autor durch seinen Aufenthalt in Deutschland persönlich gemacht hat, bezüglich seines Glaubens im Rahmen dieses Dialogs annähernd realisiert werden kann. Als gebürtiger Ägypter und Muslim kam er mit 18 Jahren nach Deutschland. Durch Begegnungen und die sich daraus ergebenden Gespräche begann er, die eigene Religion im Kontrast zum Christentum neu zu erkennen. So bekam die eigene Glaubenslehre des Autors eine völlig neue und vor allem eine bewusstere Qualität. Vor allem die Erkenntnis der Vielfalt – Judentum, Christentum und Islam – im abrahamischen Angebot Gottes an die Menschen und der darin gebotene Reichtum wurde in der Begegnung mit dem Christentum manifestiert. Dieser Reichtum zeigt sich in einer tieferen Religiosität und in der Erkenntnis, dass der andere nicht nur ein Mitmensch ist, sondern ein Träger einer göttlichen Offenbarung darstellt. Diese Erfahrung bildet den Schlüssel zum Buberschen Du.

**Der Autor:** Ahmed Ginaidi, 1943 in Kairo geboren, kam 1961 als Volontär für Maschinenbau von der ägyptischen Regierung in die BRD. Nach Abschluss des Studienkollegs der Universität Heidelberg studierte er zunächst Geologie in Heidelberg und Karlsruhe. 1969 lernte er seine deutsche christliche Frau kennen, was dazu führte, dass er das Lehramtsstudium in Karlsruhe absolvierte. Heute ist er Realschullehrer und Lehrbeauftragter an der Pädagogischen Hochschule Karlsruhe sowie sehr aktiv im Bereich des interreligiösen Dialogs.

Zeitfracht Medien GmbH
Ferdinand-Jühlke-Straße 7
99095 Erfurt, Deutschland
produktsicherheit@kolibri360.de